普通高等教育应用创新系列规划教材·经管基础课程系列

创业管理理论与实践

段洪波　刘　炎　编著

河北省高等学校创新创业教育教学改革研究与实践项目
河北大学"精品教材"建设项目

科 学 出 版 社

北 京

内 容 简 介

　　本书从时代的要求出发，总结作者从事创业实践多年的教学经验、教训和指导的心得，广泛汲取中外有关创业理论、实践与教育的精髓，通过大量鲜活的案例，探讨和总结了创业活动的一般规律与关键问题。本书主要包括对创业观念、动力和创业者素质的研究，对创业环境、创业商机的识别和把握，对创业的团队组建、机会识别、融资筹资等具体问题解决方法的介绍，对成功创业条件和创业失败误区的案例剖析，并针对创业中的困难和风险提出了对策。同时帮助学生对创业产生初步的认识，激发其创业创新的积极性。本书的内容能紧跟时代发展，将创业理论与实践结合，精选有代表性的案例，与其他教材相比，更能为学生提供易理解、有实际效果的教学内容。

　　本书可以作为高等院校通识教育或者文化素质教育的教学用书，也适用于经济管理相关专业的创业教育的专业教材，并可以作为创业者学习创业知识的培训教材式自学参考书。

图书在版编目(CIP)数据

创业管理理论与实践 / 段洪波，刘炎编著. —北京：科学出版社，2018.7

普通高等教育应用创新系列规划教材·经管基础课程系列

ISBN 978-7-03-057668-2

Ⅰ. ①创… Ⅱ. ①段… ②刘… Ⅲ. ①企业管理－高等学校－教材 Ⅳ. ①F272

中国版本图书馆 CIP 数据核字(2018)第 121484 号

责任编辑：刘英红　方小丽 / 责任校对：彭　涛
责任印制：霍　兵 / 封面设计：蓝正设计

科 学 出 版 社 出版
北京东黄城根北街 16 号
邮政编码：100717
http://www.sciencep.com

保定市中画美凯印刷有限公司 印刷
科学出版社发行　各地新华书店经销

*

2018 年 7 月第 一 版　　开本：787×1092　1/16
2018 年 7 月第一次印刷　　印张：9 1/4
字数：206 000

定价：36.00 元
（如有印装质量问题，我社负责调换）

前　　言

习近平总书记强调，"创新驱动的实质是人才的驱动，要想提高教育体制改革的进度，必须注重培养学生的创新精神和意识，形成一支规模宏大、富有创新精神、敢于承担风险的创新型人才队伍。"在高校，创业教育才是最应该做的，真正创业的是极少数人才会做的事情，这是推进素质教育发展的有效手段。高校的创新创业教育，不同于传统单一学科专业的培养模式，高校在对大学生创新创业能力的培养上，既要强调知识的融合、技术的集成、专业的互补、资源的共享，更要培养具有强烈变革思维的"一专多能"复合型人才。

创业在当今社会受到了越来越多的重视，而创业管理与实践的教学也从未像今天这样富有挑战性和令人振奋。在过去的时间里，我们目睹了社会的巨大变革和新企业如雨后春笋般出现，创业不仅面临更多的机遇，也有了更多的挑战。在经济全球化的背景下，创业的理论与实践也在快速变化和发展，教学也必须跟上脚步，有所创新。创新教育是提升国家创新能力的关键环节，它的一个重要方面就是创新人才的培养。结构合理的创新人才培养模式应该包含三翼：学术型创新人才、技能型创新人才与创业型创新人才。其中，创业型创新人才的培养是目前我国高等教育供给侧改革中最薄弱的一翼，高校本科创新人才培养应立足于教育供给侧结构性改革，建构以创业为驱动的新型创新人才培养模式，实现高校人才供给与社会需求的动态平衡。

创新创业教育与实践是使国家创新驱动发展战略落实的基础性环节，是贯彻国务院办公厅《关于深化高等学校创新创业教育改革的实施意见》的精神和要求，推动"以大众创业、万众创新拓展就业空间"的重要举措。高校大学生要顺应"大众创业，万众创新"的需求，必须树立创新创业意识和创业精神，更好地掌握创业实用技能、培养创业能力，对于大学生、高校、社会具有深远意义。创新不应该只是一句口号，而应该是一个系统的全过程，从思维到行动，把点滴的想法变成实际的行动，再持之以恒，这一切源自一个"敢"字。敢闯、敢试、敢拼的胆略和气魄，敢闯前人未敢涉足的"盲区"，敢闯矛盾错综复杂的"难区"。一个人或一个地区，要想实现创新发展，必须培养高校大学生这种敢为人先、勇于冒尖的精神品质。创新来源于创业，创新始于足下；创业无论出身，人人皆可成功；创新要有方法，不畏艰难、迎难而上、共同成长、共享成果，才能取得更大的成功；创新要有核心价值观引领，以功利为目的的创新不可持续。

虽然在目前的大环境下，越来越多的高校已经开始意识到创新创业教育的重要性，也开设了一定的关于创业教育的课程，注重对于学生创新能力的培养。然而，现在很多高校的创业课程都流于经营管理知识、行政管理要素、经济活动、法律常识的形式化、理论化的教学，仅仅停留在开设创新创业理论基础课程上。高校对于大学生创新创业能力的实践化培养意识不强，导致创新创业教育直接流于形式，有名无实，缺乏对于教学质量的检验标准，直接制约了高校创业创新教育的成效，浪费了有限的教育资源，也制约了创新创业教育的发展。

本书由段洪波、刘炎编著，参与编写校对的人员有孙慧佳、孙睿迪、李亚林、张龙、许珂、左勇、李会青、肖凌燕、孔畅、卢悦、姚立国、张嘉路、郭爱宏、赵鹏、常青超、刘欢、曹宁波、陈靓佳、崔宁波、张洪硕、吴震、李沫、代升、王晓霞、韩晓杰、田菊会、倪倩林。

面对创新创业教育出现的新问题，本书的编写秉持广泛选材，注重实用与创新的原则，编者不仅希望这本《创业管理理论与实践》的内容能紧跟时代发展，更希望能为学生提供真正有意义的内容。我们将创业理论与实践结合，精选有代表性的案例，为学生提供易理解、有实际效果的教学内容。因各种原因所限，如果有不足之处，将在日后的编写工作中继续补充和改进。

本书在编写过程中参阅了大量的相关国内外书籍，并从互联网上选取了部分文字资料，文中尽力标出资料来源，谨向有关出版社及作者表示深深谢意。

编　者

2018 年 3 月

目　　录

第一章　创新与创业管理

创新是人类社会进步的源泉，是国家发展的灵魂，是企业发展的动力。创业与创新虽是两个不同的概念，但是却密切相关。创业需要具备一定的条件，其中创新能力最重要，只有持续不断地创新，才能找到新的思路、新的方法、新的模式，最终获得创业的成功。

案例

食品速冻法之父

一个发明家如果能兼具经营企业的才能，那么，他的事业一定是辉煌的。巴布·白斯埃就是具有这两种才能的幸运者。

巴布，原名叫克拉伦斯（Clarens），可是，自他成名之后，再也没有人这样称呼他了。至于他的姓氏白斯埃，原意是"鸟眼"，也有一段很动人的神话。据说在中古时代的英国，一只老鹰自空中直扑而下，想袭击一位公主。正在危急之际，一个童仆用箭射中老鹰的眼睛，救下了公主。公主的父王就以"鸟眼"作为姓氏，赐予这个童仆和他的后代，以纪念他对王室的功勋，并将"箭不虚发"一语颁赠给他，作为这一姓氏的座右铭。

单以这句座右铭来说，白斯埃的确很有成绩，他不但解决了食品工业上的很多难题，而且他发明的速冻法成了世界著名的冷冻技术。换言之，凡是他着手研究的东西，没有一样是空无所获的。

可贵的是，白斯埃是白手起家的。他的学费几乎全部都是自己赚钱来支付的，他自小做过很多行业，如替家禽家畜剥皮、打杂、做厨师等。其中以厨师这一行，对他未来的事业影响最大。

成年后，住在拉布拉多半岛的白斯埃遇到的最大难题就是很难吃到新鲜的蔬菜。每隔一段时间，有人就会开船到外地去买一些回来，每人分一部分。可是，吃不了多久就烂掉了。从这时开始，白斯埃就在思考，用什么办法能使青菜的鲜度保持得久一点。

拉布拉多的冬季非常寒冷，气温都是在零摄氏度以下。可是，尽管已到了滴水成冰的程度，蔬菜的保鲜问题仍然没有得到解决。白斯埃太太常半开玩笑半抱怨地对他说："看起来，你好像没有不能做的事，就是想不出一个办法把青菜保存得久一点。我看，你的脑子可能是被冻得不能活动了。"

"你别急，我总会想出办法来的，"白斯埃笑着说，"不管什么事情，只要用上脑筋，就不会半途而废，一定要得到个结果才能罢手。"

"好吧，"他太太说，"那我只好再等下去了。"

经过他太太的这种"激励"，白斯埃对研究青菜保鲜的办法更加积极了，但他缺少实验的工具，只凭想象，一时真还想不出好办法来。几天之后，白斯埃照例到海边去钓鱼，他在整理钓具时发现地上低洼处的冰块中冻结着一条小鱼，他记得这是他一个星期之前丢在那里的，但那条小鱼现在仍然完好如初。他的脑际突然闪起一道亮光，匆匆忙忙收拾起钓具跑回家去。

"哎？"他太太迎着他奇怪地问，"你不是钓鱼去了吗，怎么这么快就回来了？"

"我找到保存青菜的办法了！"白斯埃兴奋地说。

"什么办法？"

"你别问，照我的话去做。"白斯埃说，"找个大水桶，放进冷水，把青菜放进水里，好，你等着吧。"

在零摄氏度以下的气温中，倒在大水桶里的水不大一会儿就结成了冰，青菜被冻结在里面，保鲜就没有问题了。从这个最简单的冰冻办法开始，白斯埃百万财富的事业诞生了。不过，当时他一点儿也不知道。

这个冰冻蔬菜的办法虽好，但要取出蔬菜来吃时却非常不方便。每次，白斯埃都要拿一把斧头把冰打开，才能把青菜挖出来。

"这样麻烦，还不如不冰的好，"白斯埃太太说，"我看你还是另想个办法吧。"

可是，第一次世界大战的爆发使白斯埃把这件事情搁置了。

第一次世界大战爆发后，白斯埃换过很多工作。随着第一次世界大战的结束，他最终又回到了捕鱼行业。自此，他以那年冬天在拉布拉多使用过的冰冻青菜办法为基础，开始实验食品的速冻法。这时候，他的经济状况已经到了非常恶劣的地步。

他花了 7 美元买了一些简单的工具，包括一架电扇、几只水桶和一些冰块。就这样，他毅然成立了"通用海产公司"，地址在马萨诸塞州格劳斯特港的一个码头上。

实际上，在第一次世界大战爆发之前，欧洲市场就有冰冻鱼上市了，但采取的是全冻办法，不合乎经济原则。白斯埃想把它变成一种更实用的办法，并能在商业上大量推广。虽然白斯埃受的教育不多，在实验中常遇到一些技术上的困难，但他那种锲而不舍的精神使所有难题都一一解决了。

为了对各种鱼进行实验，白斯埃花在买样品上的钱不计其数，后来竟到了无钱买样品的地步，这几乎使实验工作陷入停顿状态。此后，在太太的鼓励下，白斯埃开始向渔业协会和其他人求助。在得到资助以后，白斯埃的实验工作得以继续。1925 年，带式冷冻机研究成功了。在他一生所获得的 250 个发明专利中，这是第一个，也是最重要的一个。

带式冷冻机研究的成功，使通用海产公司的业务大为扩展，这也是马萨诸塞州渔业走向现代化的起点。白斯埃的最大特点是不以在商业上赚到钱为满足，而是不断地为他的企业研究新设备、新方法、新产品。他设立了很多实验部门，把整个公司搞得像一个大实验室。

"食品工业要满足人们的胃口，不能让消费者吃腻了。"白斯埃说，"所以对已有的产品要常加改良，对没有的产品要随时开发。因此，实验工作的重要性，远超过生产部门。"

根据他的这一经营原则，通用海产公司的产品种类增加得很快，营业额的增长率更为惊人，到了 1961 年，其每年的营业额已高达 20 亿美元。

白斯埃的另一重大成就是脱水食品的发明。说起来，这一成就的创立倒是非常偶然。

有一次他在街头听到了人们对冷冻食品的抱怨："冷冻食品保鲜效果很好,但就是太重了,运输费事,保存也太占地方,要携带就更麻烦了。"为此,白斯埃决心研究质量轻、体积小的水果、蔬菜和海产食品的保存方法,并且成立了一个开发公司,专门进行研究。

当然,唯一的办法,就是把原来食品的水分脱掉,但白斯埃始终认为,无论如何脱水,都不能全部榨干,否则,就没有办法保持原有的味道。经过 6 年的实验,他终于在1945 年成功研究出食物脱水法,不管是水果还是青菜,在 90 分钟以内,都可以把水分完全脱净。接着,他的一个新公司——脱水食品公司也成立了。

【思考】

1. 巴布·白斯埃成功的原因是什么?
2. 灵感是怎么来的?怎么对待灵感?
3. 为何说成功者多是生活中的有心人?
4. 企业创新为何要与时代趋势一致?

资料来源:第一营销网——营销实战(市场研究)

第一节 创新与创业的内涵和关系

创造、创新、创业是国家崛起、民族复兴、社会进步的动力。培养创业人才、提高全民族创业素质是增强综合国力、构建和谐社会、全面建成小康社会的一项战略措施。党和政府对于培育创业人才、改善创业环境高度重视。面对大学生就业难的压力及社会对创业人才的迫切需求,对大学生进行创业教育,增强创业文化的熏陶,让大学生了解创业知识和国家鼓励创业的政策,使他们能够按照国家政策导向和学校的要求,增强创业意识,提高创业技能,成为符合时代要求的建设者和接班人,并使一大批有创业才能的大学生通过自己的创业为社会创造更多的就业岗位,是高等学校的一项战略任务。

一、创新

《韦氏大学英语词典》对"创新"(innovation)下的定义为:引入新概念、新东西和革新。经济学家熊彼特在 1928 年首次提出创新是个过程,并认为创新就是建立一种新的生产函数。也就是说,把一种从来没有过的关于生产要素和生产条件的"新组合"引入生产体系。在熊彼特看来,作为资本主义"灵魂"的"企业家"的职能就是实现"创新",引进"新组合",所谓"经济发展"也就是指整个资本主义社会不断地实现这种"新组合"。20 世纪 60 年代,管理学家彼得·德鲁克把创新引入管理领域。他认为,创新是指有系统地抛弃昨天,有系统地寻求创新机会,赋予资源以新的创造财富能力的行为。并认为,创新是企业家的特定工具,他们利用创新改变现实,作为开创其他不同企业或服务项目的机遇。

由此可见,创新与发明(invention)是有区别的。从结果来看,发明产生某种技术方面的革新,而创新更包含在此之后通过产业化、社会化产生经济效益与社会效益的过程。德鲁克认为一项创新的成功并不体现于它的新奇性或它的科学内涵,而在于进入市场后的成功程度,也就是能否为大众创造出新的价值。因此,一个"创新"的成败,不在于高深的技术或者聪明的设计，而在于其被顾客接受的程度。例如，无线电波的科学理论是由麦克斯韦提出的，赫兹在实验室发现了它，马可尼和萨尔塔夫使它变得对人类有价值，并在商业上有利可图。前者是发明家，后者被称为创新家。美国最成功的创新家之一是爱迪生，他一生申请了1000多项专利。他的公司生产的产品包括电灯泡、35mm电影胶片，甚至电椅。爱迪生认为创新过程中最重要的挑战不是发明（好的主意），而是如何使发明实现成功的技术化、商业化和市场化。在此思想的指导下，他创造了一个商业帝国——通用电气。这家公司在20世纪20年代的市值约为216亿美元，到2012年已经名列全球第三。爱迪生在电力方面开展的工作就是很好的例证。他虽然认识到电灯泡的发明是个好主意，但是当时没有点亮电灯的电源，电灯泡缺乏实用价值。在此情况下，他的研究小组着手建立了完整的发电和传输设备以及设计灯座、开关和电线。1882年，爱迪生按下了曼哈顿地区第一个发电厂的开关，点亮了该区的800盏电灯，几年以后他又在全世界建立了300多座电厂。因而可以认为，发明只是创新过程中的第一个环节，更需要做的是如何开拓市场，也就是产业化与社会化的过程。

从内涵来看，发明只是技术本身的革新，而创新除了技术本身的革新，还涵盖社会革新。以企业为主体，创新活动可以在既定的企业框架中进行，它既可能是产品（服务）创新、工艺创新，也可能是营销模式创新，还可能是企业组织制度创新。创新活动可以贯穿到企业活动的各个环节。又如麦当劳并没有发明出任何东西，美国的高档餐厅在多年前就开始生产麦当劳日后制造的最终产品，但是麦当劳通过运用管理观念和管理技术，思索顾客对于"价值"的理解，将"产品"标准化，设计了科学的制作过程及操作工具，并且从工作流程的分析出发，合理设定所需要的员工，制定培训标准。这样，麦当劳不但大幅度提高了资源的产出和效益，而且还创立了一个全新的市场氛围和新顾客群体，这也属于创新。而且从造成的影响来看，任何技术创新都不能与报纸或保险之类的社会创新相抗衡。例如，分期付款改变了经济结构，它将经济从供应驱动转向需求驱动，无须顾及经济生产力水平的承受力；现代医院，起源于18世纪欧洲启蒙运动中发生的社会创新，它对于医疗保健产生的影响，远远超过其他许多医学上的进步；管理，作为使拥有不同技术和知识的人能够在一个"机构"中一起工作的实用性知识，也是20世纪的创新。

二、创业

对于创业（entrepreneurship）的理解也有许多种，创业的本义是"创立基业""创建功业"。《辞海》中的解释是"创立基业"。在英语中，"创业"有两种表达方式：venture 和 entrepreneurship。"venture"一词表示动词的"创业"，体现了创建企业这一过程，表现出动态的趋势；"entrepreneurship"一词表示名词的"创业"，是从企业家或创业者角度来理解创业，表现出表态的创业活动。一般可认为创业有广义和狭义之分。广义的创业泛指人类一切带有开拓意义的社会变革活动。它涉及的领域非常广，无论政治、经济、军事还是文化艺术事业，只要人们进行的是没有先例的事业，都可以称为创业。狭义的创业是指社会上个人或群体开展的以创造财富为目的的社会活动。这种活动对于创业者来说，是从未经历过的事业。如比尔·盖茨创建微软、柳传志创办联想集团、张朝阳建立"搜狐"网站等。

三、创业与创新关系分析

由以上分析可知，创新并不等同于创业。创新有不同的形式和不同的层次，但是如果创新的实现是在原有的企业框架之中，则这种创新不属于创业的范畴；而如果创新的实现是通过创建新企业来实现的，则称为创业活动。

创业需要创新，创新是创业的源泉，也是创业的本质。如果没有创新，创业就失去了生命力。近两年，创业已经成为社会话题。开办一家熟食店或者西餐厅的人只能称为创业者，而不能称为创业家。这是因为他们既没有创造出新的产品，也没有创造出新的消费需求，因而，虽然他们开办的是新企业，也不能称为创业家。创业不仅是"创建企业"的活动，还需要将新企业成功地市场化、产业化，这就需要通过一种前所未有的创新活动来进行。例如，微软提供了其他公司无法提供的软件；戴尔削减中间商环节，提供了其他公司没有提供的个性化服务。

创新也需要创业，创业是创新实现的一种组织保证。通过创业，可以实现创新成果的市场化与产业化，将创新的价值转化为具体、现实的社会财富。如果没有创业，创新很可能会半途而废，停留在研究阶段而得不到推广。据美国国家科学基金会和美国商业部等机构有关报告表明，第二次世界大战以后，美国创业型企业的创新占美国全部创新的一半以上和重大创新的 95%。历史也表明，每次划时代的创新成果往往都是通过创业进入市场，进而催生出一个或若干个庞大的产业部门，为社会、企业带来巨大的财富。例如，1876 年发明的电话，成就了全球通信产业和诺基亚、贝尔、朗讯等一大批跨国公司；1885 年发明的汽车造就了通用、福特、大众等一批世界级汽车业巨头；1903 年发明的飞机打造了波音、空中客车等公司的辉煌业绩；1946 年制造出来的第一台计算机成就了国际商用机器公司（International Business Machines Corporation，IBM）和英特尔的霸业；1981 年 PC 机的诞生催生了微软、戴尔等巨头；1995 年后电子商务投入市场，又使亚马逊、阿里巴巴等一批网络企业应运而生。

总之，创业与创新虽然有着各自明确的边界，但并非是相互独立的，而是有着密不可分的内在联系。从创新到成功创业需要经过复杂的过程。一般认为，需要经过以下几个步骤：①判断创新为顾客所创造的价值；②分析将创新产业化过程的障碍及克服方案；③分析创新市场化过程中的障碍及克服方案；④预测获取收益的时间；⑤风险分析；⑥估算投资额及融资渠道；⑦对整个过程进行监督和控制，以保证从创新到创业过程的顺利进行。

四、创业的创新机遇

成功的创业家从不守株待兔，期待幸运女神赐给他们一个"锦囊妙计"。相反，他们外出工作，勤奋踏实。他们不想成为大亨，也不寻求那些会使工业发生革命化的转变从而让他们创办一家能赚取 10 亿美元的企业，或者能一夜之间使他们成为富豪之类的创新。那些一开始就指望在短时间内飞黄腾达的创业家往往会遭遇失败。

无论是出于怎样的个人动机——不管是为了钱、权力还是出于好奇，或者是追求名声，以及希望博得他人的认可——成功创业家都设法创造价值，做出贡献。此外，成功创业家设定的目标相当高。他们绝不仅仅满足于对现存事物加以改进或修正。他们试图创造出全新的且不同的价值和满足，试图将"材料"转化成"资源"，而且试图将现在的资源结合在一种新型的、更具生产力的结构里。

创业家追求系统化的创新。系统化的创新在于有目的、有组织地寻求变革，对这类变革可能提供给经济和社会创新的机遇进行系统化的分析。德鲁克认为，系统化的创新可以通过关注创新机遇的七个来源而实现：①出乎意料的情况——意外成功，意外失败，意外的外部事件。②不一致——实际状况与预期状况之间不一致，或者与原本应该的状况不一致。③以程序需要为基础的创新。④产业结构和市场结构的改变。⑤人口统计数据（人口的变化）。⑥认知、情绪和意义的改变。⑦科学的及非科学的新知识。前四项来源存在于单位内部，不管它是企业还是公共服务机构，都存在于某项产业或服务业部门之内。所以，能够看到它们的人主要是身处那个产业或服务业部门的人。它们基本上是一些征兆，不过，却是那些已经发生或者只要注入少许努力就能发生变化的非常可靠的信号。后三项来源则是发生于企业或产业以外的变化。

第二节　创业门径

要想创业成功，就要寻找一个能取得切实收效的创业突破口，也就是找准创业门径。总结经验和成功范例可以发现，人们一般分别从三方面寻找创业门径：产品创新、服务创新与经营创新。

一、产品创新

（一）索尼抢先出新产品

1946 年的日本到处是残垣断壁。这一年 5 月，井深和盛田两个年轻人借了 500 美元，招来十几个人，在一座百货商店的废墟上建立了一家公司。60 年后，这家公司已成为日本最大的电子设备制造厂，有雇员 4 万多名，年利润 3 亿美元。它就是当今的索尼公司。公司发展的最重要一步是它们制造的产品——手提式磁带录音机的问世。

那是 1949 年的一天，井深到日本广播公司办事，偶然看到一台美国制的磁带录音机，当时这玩意儿在日本还鲜为人知，但井深和盛田马上意识到这种新玩意儿的巨大市场潜力，便急忙买下它的专利。对他们来说，录音机的电子技术并不复杂，但磁带却使他们为难，因为这种东西在日本找不到，只能自己动手造。塑料在当时是时新货，买不到，玻璃纸又不起作用，他们就从普通纸中选用质量好的，再喷上磁粉做成磁带。仅仅 1 年时间，便向市场推出了他们的新产品。没想到，市场反应相当冷淡。对这种体积又大又笨重却价格昂贵的录音机，人们望而却步。井深和盛田没有气馁，一方面他们找准学校这个最大的潜在市场去推销，另一方面对产品积极改进。几个月后，录音机体积缩小到只有一只手提箱那么大，价钱降到原来的一半。盛田充分发挥其高超的推销本领，走遍日本的中小学校，向教师讲解录音机的使用方法以及它们的好处，最后终于使录音机成了人们喜爱的热门货。手提式录音机的问世，使井深、盛田和他们的公司在日本站住了脚。这以后，井深和盛田并没有因为磁带录音机风行日本而心满意足，他们继续积极探索新产品。1952 年，井深听说美国人发明了一种叫晶体管的东西，十分感兴趣。经过种种曲折，1954 年，他们用 2.5 万美元的代价购得了生产晶体管的专利，很快就生产出世界上第一台袖珍晶体管收音机，比日本国内同行早了两年时间。产品问世后，仅 1955 年，销售额就达到 250 万美元——是引进晶体管专利的 100 倍。同时他们的公司也随着这种袖珍晶体管收音机被命名为"索尼"（SONY）而改名为索尼公司。从此，索尼的名字响遍了世界。从 20 世纪 50 年代生产出袖珍晶体管收音机以来，索尼公司不断向市场推出"世界首次"产品，像可以随身携带的微型电视机，用独特方式产生自然美色彩的彩色电视机，能方便地将电视节目录下和放映的小型录像系统等。在索尼公司到处可见这样一句格言："索尼，研究使它与众不同。"这正是索尼成功的最大奥秘所在。从 20 世纪 40 年代末公司开张时提出"做别人所没有做的事，研制全世界都能接受的新产品"开始，索尼向人类奉献了许许多多新颖奇特的电器新产品。索尼的历程是满足人们尚未表达出的愿望、不断向新领域进军的历程，是开拓精神使索尼之树长青。（吴光伟）

（二）奔驰以少胜多

世界上第一辆汽车的诞生地——德国奔驰汽车公司已有 100 多年的历史，它生产的汽车有 160 多个品种，3700 种型号，是世界上少有的大型汽车生产厂之一。然而奔驰公司的汽车产量并不高，每年只有 70 多万辆，分别是美国福特汽车公司和日本丰田汽车公司的 1/3 与 1/4。可是奔驰汽车公司的经济效益相当出色，丝毫不逊于它的竞争者。其奥妙何在？

原来奔驰汽车售价特别高，每辆奔驰车都比世界上其他名牌车贵 1 倍以上，最高售价达到 40 万美元，但是买主却趋之若鹜，甘愿出高价钱买它。因为奔驰车质量高，不仅舒适、安全，而且特别耐用，买一辆奔驰车 15 年内一般不出大毛病。近年来，日本车在世界市场称雄，冲击欧洲，唯有奔驰车不但顶住了日本车的压力，而且还增加了对日本的出口。尽管一辆奔驰车比两辆日本车还贵，但奔驰车在日本的地盘非常稳固。奔驰汽车公司的负责人说，奔驰车能保证高质量有两个原因，一是有一支技术过硬的职工队伍，二是对产品零件实行了严格的质量检查制度。此外，奔驰汽车公司的职业培训也是举世闻名的。

在世界激烈的汽车制造竞争市场，奔驰以其独到的高品位、高质量为特色，产品不断汲取世界科技进步的营养而升级换代，始终领先于世界先进水平。可以说，没有独到的产品创造，就没有奔驰的今天。

索尼、奔驰都是世界著名企业的产品，驰骋天下。这些离我们创业者的背景可能远一点，但其做法我们可以学习借鉴。

二、服务创新

（一）王永庆服务到家，事业从此走向成功

王永庆 16 岁时开了一家米店，当时电话还未普及，人们买米一定要到街上去买。这对顾客来说很不方便，就米店而言，要等顾客上门才有生意做，完全是被动的。

掌握米市买卖情况后，王永庆想出了一套与众不同的"服务到家"的经营手法。每

当有顾客来买米，他便主动问道："您买的米，我帮您送到家好吗？"顾客当然同意，真是求之不得。王永庆将米送到顾客家里以后，自然要把米倒入顾客的米缸内。趁这时，他记下这户人家的米缸容量，然后对顾客说："下一次，您不用到我们店里来买米了。"顾客大吃一惊，他接着说："我会把米送到您家里的。"顾客当然欣然答应下来。接着，他又询问："您能不能告诉我，您家中有几个大人、几个小孩？大人一顿吃几碗饭，小孩一顿吃几碗饭？一天米的用量大概是多少？"顾客对这样简单的问题当然对答如流。于是，王永庆就根据这些情况，计算出这位顾客每天米的用量，以及这次送的米大约食用的天数。在顾客的米吃完前 3 天，他就主动把米送到顾客家里来了。这样，不但方便了顾客，也防止了顾客去其他米店买米。王永庆服务到家的经营手法，使他的米店日益红火起来。

王永庆开米店以服务取胜的故事给我们什么启示呢？人人各有体会，但有一点可以肯定，成功的创业中无一不包含着成功的服务经营。

（二）麦当劳：质量、服务、清洁，"M"标志享誉天下

1954 年的一天，他以独到的眼光，预见到一座可以用汉堡包垒起的摩天大厦。汉堡包的颜色，就像金子那样闪烁发光。于是，他毅然买下一个专售汉堡包的小店，每只汉堡包只售 15 美分。后来，美国乃至世界各地的闹市街头到处都闪烁着"M"字形的霓虹灯标志，而他获得了没有国界的"麦当劳帝国"的"国王"称号。他就是麦当劳快餐连锁店的创始人雷·克罗克。

克罗克懂得，消费者都是在一定的历史条件下、一定的社会环境中生活的。因此，只要满足一定社会环境中顾客的特殊需求，做到"顾客第一"，钱就会像密西西比河的河水一样滚滚而来。美国是一个极为珍惜时间、讲究效率的国家。克罗克所经营的快餐店，就是突出"快速"二字。按照这个经营思想，麦当劳快餐连锁店是怎样在服务上创新的呢？请看：麦当劳快餐连锁店的经营，一律采取"自我服务"的形式，店里所有的食物都盛放在饭盒或纸杯里，由顾客自行取走。站柜台的服务员身兼三职：照管收银机、开票和供应食品。顾客只要排一次队，就能取到所需的食物。在麦当劳快餐连锁店里，找不到公用电话，也不设投币式自动点唱机之类的装置，这样就避免了顾客在此闲逛和消磨时间，因此，餐桌上的周转率大大提高了。人们看到，即使生意最忙的时候，不消几分钟，热气腾腾的快餐也会送到顾客手里。在麦当劳快餐连锁店，很少有顾客寻不到座位的时候。

美国的高速公路四通八达，大批乘车出门的人需要有休息和吃饭的场所。根据这一特点，麦当劳快餐连锁店在高速公路两旁和郊区开设了许多分店，专做乘车顾客的生意。它们在距离店面 10 米远的地方都设上通话器，上面标着醒目的食物名称和价格，当外出游玩或赶往外地办事的人驱车经过时，只需打开车窗或车门，向通话器报上所需食品，车开到店侧小门，便可以一手交钱，一手拿货，马上又可以驱车上路。

麦当劳快餐连锁店有一句非常响亮的口号，叫 Q、S、C（quality，service，cleanness），中文的意思是："品质上乘，服务周到，地方清洁。"这也是很多快餐店提出的宣传口号。那么，克罗克又是怎样在麦当劳创新这种服务的呢？

在品质上乘方面，从 1954 年克罗克买下的第一个汉堡包小店开始，他很快发现店

里炸薯条的质量还可以进一步提高。这种炸薯条当时又被叫作"鞋带"，是从冷藏柜里拿出来的，吃起来有点像"隔夜油条"，色泽暗淡，入口全无松化香脆之感。克罗克专门聘请专家进行研究，利用特殊方法种植马铃薯并精心挑选，然后切条制成香脆松化的炸薯条，使人吃后食欲大振，垂涎欲滴。此后，他经常为生产出"受大众喜欢的味道"而不断进行研究和改良，并制定出严格的质量标准，像牛肉原料内不含动物内脏等下水货，脂肪含量不超过 90%，绞碎后一律做成直径 98.5 毫米、厚 5.65 毫米、重 47.32 克的肉饼，煎后 10 分钟如未售出即一律作废。马铃薯要稍加储存以调整其淀粉和糖的含量，并使用可调温的炸锅以适应不同含水量的马铃薯,炸成薯条 7 分钟未售出的也一律作废。就这样，克罗克通过努力，使麦当劳快餐连锁店的汉堡包标准化，无论是国内还是海外分店的汉堡包，质量和配料都一样。

在服务周到方面，除了前面已有的介绍外，麦当劳在对待儿童顾客方面可谓动足了脑筋，创出了特色。它让自己的每一间分店都成为吸引孩子的地方。分店里专门设置儿童游乐园，供孩子们边吃边玩。游乐园里播放着快餐店用重金聘请来的美国著名小丑演出的电视节目。因此，每当星期六、星期天全家聚会的时间，孩子们就吵着要父母亲带他们到麦当劳快餐店里看专题电视。在麦当劳快餐连锁店，孩子可以在儿童游乐园玩，父母亲则可以隔着大型玻璃窗随时关注孩子的安全，不会因孩子的干扰而不能静心用餐。麦当劳快餐连锁店还准备了周末全家聚餐的食谱，不断推出新菜式，这样每逢周末，店里总是顾客盈门，热闹非常。

在店堂清洁方面，麦当劳快餐连锁店向惯常廉价餐厅的不清洁挑战，它规定的卫生标准是：工作人员不留长发；餐馆内不许出售香烟和报纸；顾客一走便要清理桌面；凡是丢落在客人脚下的纸片，马上捡起来……麦当劳快餐连锁店的陈设虽不豪华但窗明几净，令人赏心悦目，很多人都乐于来这里就餐。在这样文明整洁的环境里，顾客也都习惯于在临走前把盛放食物的纸盒纸杯扔到店内的垃圾桶里。由于用不着洗刷餐具和盘碟，少数几个人就能使店面保持干净，又节省了人力。

麦当劳快餐连锁店之所以经营有方、生财有道，是因为克罗克在餐饮服务上有创新特色。麦当劳汉堡包像可口可乐汽水一样行销美国、称誉世界，成为美国大众化食品的标志。联系中外快餐业这些年在中国内地的竞争，人们对麦当劳、肯德基这些老外的快餐居然在美食之国的中国尽占快餐风光颇不甘心。从上面的介绍中我们不难看出它们的优势在哪里，如何洋为中用拿来借鉴，值得我们创业者深思。

三、经营创新

经营创新就是看到的东西和别人一样，想到的东西却是别人想不到的，有无市场意识者是大不相同的。

（一）淘金者独辟蹊径

美国西部大规模的经济开发是在发现金矿之后，随着淘金者的大批拥入而逐步展开的。最初，人们的注意力都放在金矿资源上，但在成千上万的淘金者中，却又有多少人由于淘到大量黄金而发大财呢？可是有两位独辟蹊径者，一位是看到淘金者经常苦于口干舌燥，焦渴难忍，而操起了卖水的生意，结果他的水供不应求，因此比许多淘金者先发了大财；另一位是看到淘金者的裤子极易损坏，动脑筋用帐篷布料制成了结实的紧身工作裤，立即走俏矿区。随后他又不断创新，最后制成了石磨蓝面料并带铜钉扣的牛仔裤，也从中发了大财。如此看来，他们不也是"淘金"成功者吗？这两位的创新经营应该给我们深刻的启示。

（二）派克钢笔重塑形象

20 世纪初期，由于派克公司生产的钢笔最负盛誉，又有新品种"自来水笔"推出，所以该公司发展到四五十年代便进入鼎盛期。但匈牙利人科罗兄弟发明了圆珠笔，打破了派克公司一统市场的局面。由于圆珠笔实用、方便、廉价，一问世就深受消费者的欢迎，使派克公司大受打击，身价也一落千丈，濒临破产。该公司欧洲高级主管马科利认为，派克公司在圆珠笔的市场争夺战中犯了致命的错误，不是以己之长，攻人之短，反而是以己之短，攻人所长。于是他筹集了足够的资金，买下了派克公司。随后立即着手重新塑造派克钢笔的形象，突出其高雅、精美和耐用的特点，使它从一般大众化的实用品成为一种显示高贵社会地位的象征。从这个战略思想出发，他们采取了两项战术措施。首先是削减派克钢笔的产量，并提高单价 30%；其次是增加广告预算，宣传派克钢笔是社会地位的象征，冠以知名度。马科利煞费心机，再三努力，终于让派克钢笔获得了英国女王伊丽莎白二世御用笔的资格。方向对头，措施得力，马科利的战略目标实现了。1989 年，派克钢笔又一次提高售价，老的以实用为标志的派克钢笔没落了，老派克公司也因此不复存在；新的派克钢笔却以炫耀、装饰为标志的形式复活，派克公司也随之新生了。

通过以上"产品创新、服务创新与经营创新"一系列案例的介绍，我们从中应该可以看出创新与创业息息相关，创新是创业的灵魂，而创业则是实现创新的一种手段。为此，我们在以下的章节中会介绍关于创业的详细内容和步骤以及需要做的准备。

第二章　企业家精神与创业

　　2012 年 11 月 22 日，在北京大学国家发展研究院万众楼，新东方教育科技集团董事长兼首席执行官俞敏洪与北京大学国际师生分享了他所理解的企业家精神，以及他所经历的创业之路。在这次演讲中，俞敏洪分享了三方面的要点：创业无贵贱，小苗成大树；底线不可破，诚信不可丢；企业如帝国，英雄加制度。作为一名成功的企业家，他阐述了在创业过程中企业家精神的重要性，总结了企业家精神的四个维度，即冒险精神、愈挫愈勇、团队精神和创新精神。那么企业家精神与创业是怎样具体联系起来，并在创业中发挥作用的呢？想必每个人都有不同的看法，对此笔者简单表述一下自己的理解。

第一节　创业理论

案例

　　联邦快递（Federal Express）公司成立于 1971 年，全球总部设在美国的田纳西州孟菲斯，另在中国香港，加拿大安大略、多伦多，比利时布鲁塞尔设有区域总部。

　　截至 2013 年，联邦快递公司在全球拥有 148 000 名员工，拥有大约 1200 个服务中心、超过 7800 个授权寄件中心、435 000 个投递地点、45 000 辆货运车、662 架货机，服务机场覆盖全球 365 座大小机场，服务范围遍及全世界 210 多个国家，日平均处理的货件量多达 330 万份。联邦快递公司以其无可比拟的航空路线权以及强固的信息技术基础设施，在小件包裹速递、普通递送、非整车运输、集成化调运系统等领域占据了大量的市场份额，成为全球快递运输业的泰斗，并跃入世界 500 强企业。

　　联邦快递公司的创立者——总裁弗雷德·史密斯，其父亲是位企业家，创立了一家巴士公司。20 世纪 60 年代，弗雷德在耶鲁大学读书时撰写过一篇论文，提出一个超越传统上通过轮船和定期的客运航班运送包裹，建立一个纯粹的货运航班，用以从事全国范围内的包裹邮递的设想。这是一个开创性的创业设想。弗雷德在论文中提出，在小件包裹运输上采纳"轴心概念"的理念，并利用寂静的夜晚通过飞机运送包裹和邮件。可是老师并未认可这个创新理念，这篇论文只得了个"C"。

　　毕业后弗雷德曾在越南战争中当过飞行员。回国后他在可行性研究基础上，把从父亲那里继承的 1000 万美元和自己筹措的 7200 万美元作为资本金，建立了联邦快递公司。实践证明：弗雷德的"轴心概念"的确能为小件包裹运输提供独一无二的、有效的辐射状配送系统。弗雷德的出奇之处不仅在于小件包裹运输采纳"轴心概念"的营销模式创新，更在于他能够把人们忽略的时间运用起来，把本来是低谷的时段变成一种生意的高峰期。

　　田纳西州的孟菲斯被选作公司的运输中央轴心所在地有以下两个原因。首先，孟菲斯坐落在美国中部地区，为联邦快递公司提供了一个不拥挤、快速畅通的机场；其次，孟菲斯气候条件优越，机场很少关闭。正是由于摆脱了气候对于飞行的限制，联邦快递公司的竞争潜力才得以充分发挥。每到夜晚，就有 330 万包裹从世界各地的 210 多个国家和地区起运，飞往田纳西州的孟菲斯。成功的选址也许对联邦快递公司安全记录有着重大贡献，它从来没有发生过空中事故。联邦快递公司的飞机每天晚上将世界各地的包裹运往孟菲斯，然后再运往联邦快递公司没有直接国际航班的各大城市。虽然这个"中央轴心"的位置只能容纳少量飞机，但能够为它服务的航空网点要比传统的 A 城到 B 城的航空系统多得多。另外，这种轴心安排使得联邦快递每天晚上飞机航次与包裹一致，并且可以应航线容量的要求而随时改道飞行，这就节省了一笔巨大的费用。此外，联邦快递公司相信："中央轴心"系统也有助于减少运输上的误导或延误，因为从起点开始，包裹在整个运输过程都有一个总体控制的配送系统。

资料来源：谁是最好的管理者.经济管理出版社，2000 年

弗雷德专门用于包裹邮递的货运航班，为全国以及后来为全世界顾客提供了方便、快捷、准时、可靠的服务，创新的营销模式为其提供了低成本、高效、安全和全天候的物流系统，因而联邦快递公司迅速发展，从创业到成长为世界 500 强企业只用了短短 20 多年时间。

现阶段，我国政府积极推进大学生创业，并给出了许多鼓励政策。在这样良好的大背景下，创业对我们而言并不陌生。那么创业究竟是什么？创业有什么样的类型？应如何进行选择？

一、创业的定义

关于什么是创业，许多学者都给出了自己的看法，主要有以下几种。

创业是创业者对自己拥有的资源或通过努力能够拥有的资源进行优化整合，从而创造出更大经济价值或社会价值的过程。创业是一种劳动方式，是一种需要创业者运营、组织、运用服务、技术、器物作业的思考、推理和判断的行为。根据杰夫里·提蒙斯（Jeffry A. Timmons）所著的创业教育领域的经典教科书《创业创造》（*New Venture Creation*）的定义：创业是一种思考、推理结合运气的行为方式，它为运气带来的机会所驱动，需要在方法上全盘考虑并拥有和谐的领导能力。

创业作为一个商业领域，致力于理解创造新事物（新产品、新市场、新生产过程或原材料，组织现有技术的新方法）的机会如何出现并被特定个体发现或创造，这些人如何运用各种方法去利用和开发它们，然后产生各种结果。

创业是一个人发现了一个商机并以实际行动把它转化为具体的社会形态、获得利益、实现价值的过程。

科尔（Cole）把创业定义为：发起、维持和发展以利润为导向的企业的有目的性的行为。

从上述这些定义可以看出，创业就是通过自身的能力与努力，把所发现的能够创造利润的事物发挥到最佳，然后获得其价值的过程。创业需要天时地利人和，即有正确的时机、正确的位置和合适的人，只有这几项要素相结合，才更有可能实施创业，并获得成功。联邦快递公司创始人之所以成功就在于成功地结合了这些方面，如选择孟菲斯作

为运输中央轴心所在地以及其自身的不懈努力和卓越的能力等。

二、创业的阶段

创业是一个不断变化和发展的过程，主要可分为以下四个阶段。

第一阶段，生存阶段

此阶段以产品和技术来占领市场，只要有想法（点子）、会搞关系（销售）就可以。这个阶段是创业的最初阶段，也是最艰难的阶段。它需要创业者有坚定的意志和不懈的坚持。在这个阶段，创业者会遇到各种各样的困难。例如，没有消费者、收入甚少、条件艰苦、家人朋友不支持等，如果不能忍受这些，很可能就会放弃。这个阶段是决定创业能否继续的重要阶段，要么成功，要么退回原点。

第二阶段，公司化阶段

此阶段通过规范管理来增加企业效益，这就需要创业者的思维从想法提升到思考的高度，而原先的搞关系转变成一个个渠道的建设，公司的销售是依靠渠道来完成，团队也初步形成。这个阶段，创业已经初见成效，给创业者带来了甜头，创业者容易被胜利冲昏头脑而懈怠。这个时候需要创业者保持清醒的头脑，转变思维，提高思考能力，使公司走入正轨，进而获得成功。

第三阶段，集团化阶段

此阶段依靠的是硬实力（产业化的核心竞争力），整个集团和子公司形成了系统平台，依靠的是一个个团队通过系统平台来完成管理（人治变成了公司治理），销售变成了营销，区域性渠道转变成一个个地区性的网络，从而形成了系统。思维从平面到三维。这时创业者就可以退休了，因为创业者有了现金流系统（赚钱机器），它是 24 小时为你工作的，这就是许多创业者梦想达到的理想状态。

第四阶段，集团总部阶段

这是一种无国界的经营，也就是俗称的跨国公司。集团总部的系统平台和各子集团的运营系统形成的是一种体系。集团总部依靠的是一种可跨越行业边界的无边界核心竞争力（软实力），子集团形成的是行业核心竞争力（硬实力），这样将使集团的各行各业取得它们在单兵作战的情况下所无法取得的业绩水平和速度。思维已从三维到多维，这是企业发展所追求和能达到的最高境界。

创业过程的四个阶段，每个阶段都有各自的特点，需要创业者能够适应它们并且找出正确的方法来推进创业，进而获得真正的成功。

三、创业的类型

随着经济的发展，投身创业的人越来越多，《科学投资》调查研究表明，国内创业者基本可以分为以下类型。

（一）生存型创业者

生存型创业者大多为下岗工人、失去土地或因为种种原因不愿困守乡村的农民，以及刚刚毕业找不到工作的大学生。这是中国数量最大的创业人群。清华大学的调查报告说，这一类型的创业者占中国创业者总数的 90%。其中许多人是被逼上梁山，为了谋生才出来创业。一般创业范围均局限于商业贸易，少量从事实业的也基本是小型的加工业。当然也有因为机遇成长为大中型企业的，但是数量极少。如今的国内市场已经不像改革开放初期，如刘永好兄弟、鲁冠球、南存辉那个创业时代一样，经济短缺，机制混乱，机遇遍地。如今这个时代，用句俗话来说就是狼多肉少，仅想依靠机遇成就大业，早已是不切实际的幻想了。

（二）主动型创业者

主动型创业者又可以分为两种，一种是盲动型创业者，一种是冷静型创业者。前一种创业者大多极为自信，做事冲动。这种类型的创业者，大多是博彩爱好者，喜欢买彩票，喜欢赌，而不太喜欢思考成功概率。这样的创业者很容易失败，但一旦成功，往往就是一番大事业。冷静型创业者是创业者中的精华，其特点是谋定而后动，不打无准备之仗，或是掌握资源，或是拥有技术，一旦行动，成功概率通常很高。

（三）赚钱型创业者

赚钱型创业者除了赚钱，没有什么明确的目标。他们就是喜欢创业，喜欢做老板的感觉。他们不计较自己能做什么、会做什么。可能今天在做着这样一件事，明天又在做着那样一件事，他们做的事情之间可以完全不相干。其中甚至有一些人，连对赚钱都没有明显的兴趣，也从来不考虑自己创业的成败得失。奇怪的是，这一类创业者中赚钱的并不少，创业失败的概率也并不比那些兢兢业业、勤勤恳恳的创业者高。而且，这一类创业者大多过得很快乐。

（四）创意创新创业型创业者

此类创业模式对创业者的个人素质要求很高，创业成功往往形成独角兽企业，有时形成新的业态。创业者首先要处理好创意创新创业三者的关系：常规思维及创新思维产生创意，创意是创新的基础，创意是创业的动力源之一，创新与创业的结合形成新的生产方式，良好的创新创业氛围更易激发人们的创意，创意创新创业完美组合的链条是推动各业发展、社会繁荣的重要源泉；其次是配置资源。

四、大学生创业

在现阶段，大学生创业蓬勃发展，那么作为刚从学校毕业或是还在上学的大学生，应该选择哪些方向进行创业呢？

方向一：高科技领域

身处高新科技前沿阵地的大学生，在这一领域创业有着近水楼台先得月的优势，"易得方舟""视美乐"等大学生创业企业的成功，就是得益于创业者的技术优势。但并非所有的大学生都适合在高科技领域创业。一般来说，技术功底深厚、学科成绩优秀的大学生才有成功的把握。有意在这一领域创业的大学生，可以积极参加各类创业大赛，获得脱颖而出的机会，同时吸引风险投资。

方向二：智力服务领域

智力是大学生创业的资本，在智力服务领域创业，大学生游刃有余。例如，家教领域就非常适合大学生创业，一方面，这是大学生勤工俭学的传统渠道，积累了丰富的经验；另一方面，大学生能够充分利用高校教育资源，更容易赚到"第一桶金"。而且，此类智力服务创业项目成本较低，一张桌子、一部电话就可开业。

方向三：连锁加盟领域

统计数据显示，在相同的经营领域，创业风险也有所不同，有的人创业成功率高达 80%，但有的人却低于 20%。对创业资源十分有限的大学生来说，借助连锁加盟的品牌、技术、营销、设备优势，可以通过较少的投资、较低的门槛实现自主创业。但连锁加盟并非"零风险"，在市场鱼龙混杂的情形下，大学生涉世不深，在选择加盟项目时更应注意规避风险。一般来说，大学生创业者资金实力较弱，适合选择启动资金不多、人手配备要求不高的加盟项目，从小本经营开始。此外，最好选择运营时间在 5 年以上、拥有 10 家以上加盟店的成熟品牌。

方向四：开店

大学生开店，一方面可充分利用高校的学生顾客资源；另一方面，熟悉同龄人的消费习惯，因此入门较为容易。因为是走"学生路线"，所以要靠价廉物美来吸引顾客。此外，由于大学生资金有限，不可能选择热闹地段的店面，推广工作变得尤为重要，需要经常在校园里张贴广告或和社团联办活动，才能让更多的人知道。

电子商务、互联网的发展日新月异，淘宝的出现改写了中国的商业格局，迅猛发展的物流业改变了人们的生活方式。互联网消费成为当今人们生活的主流，因此，淘宝开店创业也不失为一种方式。

方向五：技术创业

大学生毕业后，在学校学习的课程很难应用到实际工作中。毕业后学习一门技术，可以让大学生很快融入社会。有一技之长既能开店创业，也能打工积累资本。好酒不怕巷子深，所以有一技之长的大学生在开店创业的时候，可以避开热闹地段，节省大量的门面租金，把更多的创业资金用到经营活动中去。

第二节　企业家精神

一、企业家精神内涵

"企业家"这一概念由经济学家理查德·坎蒂隆（Richard Cantillon）在 1800 年首次提出。企业家使经济资源的效率由低转高。"企业家精神"则是企业家特殊技能（包括精神和技巧）的集合。或者说，"企业家精神"是企业家组织建立和经营管理企业的综合才能的表述方式，它是一种重要而特殊的无形生产要素。

德鲁克提出，"企业家精神"中最主要的是创新，进而把企业家的领导能力与管理等同起来，认为"企业管理的核心内容，是企业家在经济上的冒险行为，企业就是企业家工作的组织"。

世界著名的管理咨询公司埃森哲曾在 26 个国家和地区与几十万名企业家交谈，其研究报告指出，在全球高级主管心目中，企业家精神是组织能够健康长寿的基因和要穴。

那真正的企业家精神究竟是什么呢？

（一）创新精神

熊彼特关于企业家是从事"创造性破坏"（creative destruction）的创新者观点，凸显了企业家精神的实质和特征。一个企业最大的隐患，就是创新精神的消亡。一个企业，要么增值，要么在人力资源上报废，创新必须成为企业家的本能。但创新不是"天才的闪烁"，而是企业家艰苦工作的结果。创新是企业家活动的典型特征，包括产品创新、技术创新、市场创新、组织形式创新等。创新精神的实质是"做不同的事，而不是将已经做过的事做得更好一些"。所以，具有创新精神的企业家更像是一名充满激情的艺术家。

创新，是企业家的灵魂。与一般的经营者相比，创新是企业家的主要特征。富有创新精神的企业家能够发现一般人所无法发现的机会，能够运用一般人所不能运用的资源，能够找到一般人所无法想象的办法。

企业家创新精神的体现：引入一种新的产品，提供一种产品的新质量，实行一种新的管理模式，采用一种新的生产方法，开辟一个新的市场。

（二）冒险精神

坎迪隆（Richard Cantillion）和奈特（Frank Rnight）两位经济学家，将企业家精神与风险（risk）或不确定性（uncertainty）联系在一起。没有甘冒风险和承担风险的魄力，就不可能成为企业家。企业创新和风险是二进制的，要么成功，要么失败，只能对冲不能交易，企业家没有第三条道路可选。在美国，明尼苏达矿务及制造业公司（Minnesota Miniry and Manufacturing，3M）有一个很有价值的口号："为了发现王子，你必须和无数个青蛙接吻。""接吻青蛙"常常意味着冒险与失败，但是"如果你不想犯错误，那么什么也别干"。同样，对于1939年在美国硅谷成立的惠普，1946年在日本东京成立的索尼，1976年在中国台湾成立的宏基（Acer），1984年分别在中国北京、青岛成立的联想和海尔等众多企业而言，虽然这些企业创始人的生长环境、成长背景和创业机缘各不相同，但无一例外都是在条件极不成熟和外部环境极不明晰的情况下，敢为人先，做第一个吃螃蟹的人，具有十足的冒险精神，从而为以后的成功打下了基础。

一个企业经营者，要想获得成功，成为一名杰出的企业家，必须有冒险精神。对一个企业和企业家来说，不敢冒险才是最大的风险。

企业家的冒险精神主要表现为：企业战略的制定与实施，企业生产能力的扩张和缩小，新技术的开发与运用，新市场的开辟和扩大，生产品种的增加和淘汰，产品价格的提高或降低。

（三）敬业精神

企业家的创业精神就是指锐意进取、艰苦奋斗、敬业敬职和勤俭节约的精神。马克斯·韦伯在《新教伦理与资本主义精神》中写道："这种需要人们不停地工作的事业，成为他们生活中不可或缺的组成部分。事实上，这是唯一可能的动机。但与此同时，从个人幸福的观点来看，它表述了这类生活是如此的不合理：在生活中，一个人为了他的事业才生存，而不是为了他的生存才经营事业。"货币只是成功的标志之一，对事业的忠诚和责任，才是企业家的"顶峰体验"和不竭动力。

企业家的敬业精神主要体现为：锐意进取，克服循规守旧的心理，艰苦奋斗，敬业敬职的职业道德，勤俭节省的精神风貌。

（四）合作精神

企业家的合作精神是指企业家具有宽容心，愿意与人友好相处，愿意与他人合作的态度和精神。正如艾伯特·赫希曼所言：企业家在重大决策中实行集体行为而非个人行为。尽管伟大的企业家表面上常常是一个人的表演（one-man show），但真正的企业家其实是擅长合作的，而且这种合作精神可以扩展到企业的每个员工。企业家既不可能也没有必要成为一个超人（superman），但企业家应努力成为蜘蛛人（spiderman），要有非常强的"结网"的能力和意识。西门子就是一个例证，它秉承员工成为"企业内部的企业家"的理念，开发员工的潜质。在这个过程中，经理人充当教练角色，让员工进行合作，并为其合理的目标定位实施引导，同时给予他们足够的施展空间，及时予以鼓励。西门子公司因此获得令人羡慕的产品创新纪录和成长记录。

企业家的合作精神主要体现为：尊重同行和下属；尊重人才；善于使用人才，敢于起用人才；虚怀若谷，善于听取别人意见，尤其是批评自己的意见；发扬民主精神，避免独断专行。

二、企业家精神

案例

创业需要冒险，需要胆量

《福布斯》中国富豪孙广信在没有发迹前，只是在乌鲁木齐做一些拼缝之类的小生意。这样的小生意人在商业传统悠久的乌鲁木齐多的是。1989年秋季的一天，孙广信听到有一家专做粤菜的广东酒楼的老板因为欠债跑掉了，他跑到那里一看，嗯，这个酒楼不错，地理位置好，门面也不赖，行，可以做，是个机会。当时孙广信就借了67万元把这个广东酒楼盘了下来，又从广东请来好厨子，进了活海鲜，有鱼、虾、鳖、蟹，还有活蛇。但此前孙广信从来没有做过餐饮业，新疆人又吃惯了牛羊肉，对生猛海鲜不感兴趣，感兴趣的人也不敢轻易下箸。头4个月亏了17万元，亏得孙广信眼睛发直。但他坚持了下来，通过猛打广告猛优惠，将客源提了上来。最终孙广信从酒楼里赚到了钱。

孙广信没事爱在酒楼里观察他的顾客，琢磨他的顾客。有一次，一个客人一下定了一桌5000元的酒席，把孙广信吓了一跳。在当时5000元可不是一个小数。他一琢磨，什么人这样有钱，出手这样阔绰？一打听，原来是做石油的。再一打听，了不得，原来做石油这么肥，这么有钱呢。孙广信就开始转行做石油。后来孙广信成了《福布斯》中国富豪。孙广信现在做的事是西气东输。

由此可见，创业需要胆量，需要冒险。冒险精神是创业家精神的一个重要组成部分，但创业毕竟不是赌博。创业家的冒险，迥异于冒进。

资料来源："孙广信：让乌鲁木齐居者有其屋"，《科学投资》2001年12期

共同分享　铸就大业

若干年前，记者曾在中关村采访过一位创业者。这位创业者当时在中关村做产品供求信息生意。当时，中关村做这一行的人还很少，因而这位创业者的收入可观，他在很短时间内就买了车和房，但是对自己的员工却很抠门，能少给一分，绝不多给一分，他说这叫低成本运作。七八年过去了，这位创业者的公司已经搬了几次家，但总是改不了小门脸那种寒酸的模样，员工也总是那么寥寥几个，而且不断地更换。中关村竞争激烈，每天都会有很多人的创业梦化为泡影。这么多年过去了，这位创业者仍然存在，仍然在中关村坚持，自有他的成功之处。但是，与和他差不多时间起步，做同样行业，而且是白手起家的郭凡生相比，他就差得远了。现在郭凡生的慧聪年产值早已过亿，在现代化的写字楼里拥有了上千平方米的办公面积，在全国各地还有数十家分公司。郭凡生也早就成了千万富翁。

郭凡生和这位创业者的区别就在于懂得与众人分享。慧聪是1991年创立的，1992年慧聪的章程里已经写入了劳动股份制的内容。学经济出身的郭凡生这样解释他的劳动股份制："我们规定，慧聪公司的任何人分红不得超过企业总额的10%，董事分红不得超过企业总额的30%。当时我在公司占有50%的股份，整个董事会成员占有的股份在70%以上，有20%是准备股，但是连续8年，慧聪把70%以上的现金分红分给了公司那些不持股的职工，而我们这些董事规定得很清楚，谁离开公司，本金退还，不许持股。所以我们这些董事又都是公司总裁、副总裁，参与的也是知识分红。慧聪早在1991年初创的时候，就确立了按知识分配为主的分配方式。"据说郭凡生第一次给员工分红的时候，有一位员工一下分到了3000多元钱。那是20世纪90年代初，3000多元可是一大笔钱。这位员工以为公司搞错了，不相信世界上竟然会有"这样大方的老板"，拿到钱后连夜跑掉了。

郭凡生对中关村的企业和中国的高科技企业为什么做不大也有一番高论。"中关村企业有100万利润就分裂，有200万利润就打架，为什么做不大呢？就在于这个公司只有一个老板，老板拿走绝大部分的利益，而这个公司又不是靠老板的资本来推动发展的，当它的主体变为知识推动的时候，企业就要不断地分裂，所以中关村的企业做不大，中国的高技术企业做不大。"

美国心理学家马斯洛有个需求层次理论，说人按层次一共有五种需要，第一是生存需要，第二是安全需要，第三是社交需要，第四是尊重需要，第五是自我实现需要。这五种需要具体到企业环境里，具体到公司员工身上，就是需要老板与员工共同分享。当老板舍得付出，舍得与员工分享，员工的生存需要、安全需要、尊重需要就从老板这里都得到了满足。员工出于感激，同时也因为害怕失去眼前所获得的一切，就会产生"自我实现的需要"，通过自我实现，为老板做更多的事，赚更多的钱，做更大的贡献，回报老板。这样就构成了一个企业的正向循环、良性循环。这应该是马斯洛需求层次理论在企业层面的恰当解释。

当周枫成功地完成婷美"惊险的一跳"后，当初坚定不移地跟随着他的员工现在可享福了。不但是这些员工，现在婷美所有的员工都在分享着周枫和婷美的成功。在周枫

的公司里，120 多名员工光小汽车就有 96 辆。这些小汽车都是公司作为奖励送给员工的。周枫规定，凡在公司工作满 3 年的员工，就送小汽车一辆、100 平方米住房一套。现在周枫又买了 28 套"部长级"住房，每套 150 平方米。周枫规定，在公司工作满 5 年以上的员工，可以得到这些住房。

周枫这样解释自己的成功："我觉得我成功的因素里面有这样一条，就是我能够做到与人分享。"周枫当然也有他的"小九九"。他说："我现在研究很多案例，如三株、太阳神等企业是怎么成功的、怎么倒的。它们成功以后员工和主要干部都是什么样的福利待遇。我们中国有个现象，就是一个新兴的行业一旦做火了以后，紧接着就会分岔。好像只要做了一个给老板个人带来暴富机会的产品，之后这个企业很快就会销声匿迹，这是一个值得我们关注的现象。如一个口服液，做火了以后，紧接着就会出现很多很多同样的口服液。你想一想，做这些口服液的人都是从哪儿来的呢？都是从原来的公司里派生出来的。这里面有高薪挖墙脚的原因，更多是老板自身的原因。老板挣钱了，副总们会想，老板挣了，看看我自己的钱，还是没有涨多少。那好，我宁愿不拿你这 5000 多元钱的月工资了，我也不出去给别人干，因为给别人干，我可能还是拿那点工资。我自己办一个公司，几个人单独拉出去也做这个，因为别的不会做，我就仿照你来做。一旦做成了，我也就成了百万富翁。所以这样不断地派生，今天果茶大战，明天保暖内衣大战，还有各种的保健品大战，基本上都是这样造成的，但是你看我做的生意，基本上后面没有跟进的人跟着搅和。婷美为什么能够一枝独秀？原因在于我们有一支凝聚力特别强的队伍。对公司员工来说，如果这个企业事业发展了，他还拿他那几千块钱月薪的话，他是会有想法的。但如果他一年可以拿个 30 万元、40 万元的话，他就会考虑，自己现在出去做老板，冒那个风险，还不如在这儿做。这种比较经济学，决定了你一下就把他 5 年的时间拴死了，以后你只要巩固住，甭说 5 年，有两年你的品牌就出来了。别人再跟你做同样的东西竞争，你靠品牌已经压死了他。所以说，一个企业家要懂得与他人分享，真心分享，公平分配利益。这样做了以后，你这种坦诚，一个窝头大家掰着吃的那种诚恳，会产生很强的凝聚力。其实这样做，同时也保护了自己，如分出岔以后，你就要用更大的广告量去抵消对方的竞争。现在像我这样，每年的广告量就减下来不少，无形中还是保护了你自己的利益。"

周枫如此精明，如此会算账，怪不得他做一样东西火一样东西。而且只要是他做过的东西，都做到了全国第一。做生意的人都会算账，只不过有些人算的是大账，有些人算的是小账。商业法则：算大账的人做大生意，做大生意人；算小账的人永远只能做小生意，做小生意人。

分享不仅仅限于企业或团队内部，对创业者来说，对外部的分享有时候同样重要。王江民不管什么时候对他的生意伙伴都是一句话：有钱大家赚。而正泰集团的成长历史，有人说就是修鞋匠南存辉不断股权分流的历史。在南存辉的发家史上，曾经进行过 4 次大规模的股权分流，从最初持股 100%，到后来只持有正泰股权的 28%，每一次当南存辉将自己的股权稀释，将自己的股权拿出来，分流到别人口袋里去的时候，都伴随着企业的高速成长。但是南存辉觉得自己并没有吃亏，因为蛋糕做大了，自己的相对收益虽然少了，但是绝对收益却大大地提高了。

资料来源：阿里巴巴创业——创业故事"共同分享，铸就大业"

第三节　企业家精神和创业的联系

上面两节，对于创业与企业家精神有了简单的阐述，能够大概了解两者的基本理论。那么接下来从企业家精神的内涵方面来说明企业家精神和创业的联系。

一、创新精神与创业

创新是企业家的灵魂，在创业过程中起着决定作用。创新理论认为，创新是企业竞争优势的来源，而持久竞争优势的来源则是不断地创新。同样，创业的成功与否也很大程度上取决于是否不断创新，是否具有企业家的创新精神，最终决定了企业的成长能否具有核心能力和持久的竞争力。同时，创业过程的不断推进，对于创新的要求越来越强烈，也促进了创新的培育。创新精神与创业两者相互促进、相互依赖。

案　例

金莎巧克力就是创意表现出色者。它借着突破常规的创意表现（不仅产品设计突破常规，广告与营销也非同寻常），成功地在行业已成熟、竞争激烈的香港糖果市场异军突起，迅速占据第一品牌地位。我们不妨来看看它的广告片是如何突破常规的。

广告片开始时，只见寂静宽敞的教堂中，一位面容清纯的少女低头步入告诫室。接着少女期期艾艾地向神父坦白，说因抵挡不住诱惑，后悔发生了第一次！观众至此已被故事情节牵引，免不了想到少男少女最不该犯的过失上去。但画面一转，少女竟解释是抵挡不了金莎独特口味的诱惑而第一次将整盒金莎巧克力吃光了。此刻观众从女主角向神父忏悔所营造的紧张气氛中突然解脱，不禁发噱。少女继续描述金莎的产品结构及特质，这是她抵挡不住诱惑的主要理由。这样一来，观众通过故事认识了金莎独特的产品结构，而且印象极其深刻。广告到尾声时，画面突然出现刚才聆听少女忏悔的神父，他（在吃完金莎后）向另一位神父开始坦白他的第一次……观众也为此小转折而会心微笑，甚至乐不可支。整个故事，除交代了产品特质外，更利用了出乎意料的环境和对少女美丽的误会及神父也因贪吃巧克力而忏悔等情节，烘托出"凡人没法挡"的主题。

金莎另一突破常规的广告创意表现在一幅巨幅海报上，画面显示一盒金莎朱古力中一颗被取去，海报上被取去金莎的位置则做出撕去一颗金莎图的效果。旁边标题写着："奉告，此乃金莎海报，并非真正巧克力。"效果逼真，令人会心微笑。微笑之余，金莎也就留在了观者的脑海中。

资料来源："金莎巧克力的传奇营销"，《经济论坛》1999 年 22 期

詹姆斯·W. 杨格说："创意，说穿了不过是将原本存在的要素重新加以排列组合而已。"又说："将事物重新排列组合的能力可以经由找出事物关联性的才能而提高。"语言虽然绕口，不过，仔细品味这句话，又确实如此，照他的话说，创意不过是将存在的东西重新加以排列组合罢了，就好比是找来许多木块，能不能搭出个漂亮房子，就看

你有没有一个活络的脑子了。就像案例中，教堂与巧克力这两个风马牛不相及的元素在金莎广告片中兼容和谐，制造了一个出人意料的情节，确属精彩之极！

二、冒险精神与创业

创业本身就是充满不确定的事情，如果企业家没有冒险精神也就不会创业，所以冒险精神对于创业来说是重要的。冒险精神有利于推动创业，使得企业家在面对未来的风险时不会慌乱无措。创新本来也是有风险的，要么成功，要么失败。在创业过程中，只有敢于冒险，才会不断前进、不断发展，如果缺乏冒险精神，就会像"井底之蛙"一样被困住，而不能看到更好的风景。在企业不断发展中，也会需求冒险精神，去涉足新的领域，从而发现新的增长点。

案 例

很多创业者在创业的道路上都有过"惊险一跳"的经历。这一跳成功了，功成名就，白日飞升；跳不成，就只好凤凰涅槃了。当年周枫带人做婷美，一个500万元的项目，做了两年多，花了440万元还是没有做成。眼看钱就没了，合作伙伴都失去了信心，要周枫把这个项目卖了。周枫说，这样好的项目不能卖，要卖也要卖个好价钱。合作伙伴说，这样的项目怎么能卖到那么多钱，要不然你自己把这个项目买下来算了。周枫就花5万元钱把这个项目买了下来。原来大家一起还有个合伙公司，作为代价，周枫把在这个合伙公司的利益也全部放弃了，据说损失达几千万元。单干的周枫带着23名员工，把自己的房子抵押，跟几个朋友一共凑了300万元。他把其中5万元存在账上，另外的钱，他算过账，一共可以在北京打两个月的广告。从当年的11月到12月底，他告诉员工，这回做成了咱们就成了，不成，你们把那5万块钱分了，算是你们的遣散费，我不欠你们的工资。咱们就这样了！这些话把他的员工感动得要哭，当时人人奋勇争先，个个无比卖力，结果婷美就成功了。周枫成了亿万富翁，他的许多员工成了千万富翁、百万富翁。现在很多的大学教授、市场专家分析周枫和婷美成功有诸多原因，其实事情没有这么复杂。说白了，不过是一个合适的产品，加上一个天性敢赌的领导和一些合适的营销手段，就有了这样一桩成功的案例。

资料来源：《科学投资》创业案例

三、敬业精神与创业

真正的企业家不仅对潜在利润会高度敏感，而且有能力实现这一潜在利润。这种把方案加以落实的能力，可以叫作"敬业精神"，但这并不是敬业精神的全部。其实，敬业精神更重要的是面对自己的事业有一种入迷和执着的心态。有这种心态的企业家，往往会把自己的生命融入自己的事业中去。达到这种境界的人，对于自己的事业，往往是怀着朝圣者般的心情，持着顶礼膜拜的态度，这种心态所形成的敬业精神超越献身精神。

可见企业家的敬业精神中体现了对于创业的执着与坚持。任何一件事情的成功都不是一朝一夕的，需要我们去付出努力、去坚持，创业更是如此。如果企业家在创业过程中抱持"三天打鱼，两天晒网"的态度，对于创业不能全身心地投入，那么他是很难获得成功的。创业是一项长期的事业，需要企业家的敬业精神来支撑。

案 例

台湾中钢公司创办初期，总裁赵耀东四处寻访人才，把台湾赫赫有名的建厂、建港、采购、贷款、管理等方面的各路人才都揽到自己的麾下，从而使该公司发展迅速，事业蒸蒸日上。在赵耀东诚聘名单里，排名第一的就是台湾财经界"四怪"之一、脾气又臭又坏的建厂高手刘曾适。刘曾适虽然脾气暴劣，但头脑冷静、思维缜密，素有"刘电脑"之称。当时，"刘电脑"在基隆和平岛台船公司任协理。为了将他争取到手，赵耀东八顾基隆没有结果，仍不死心，到第九次，"刘电脑"终于心软，应承了这位锲而不舍、真诚的赵老板。赵耀东网罗财经奇才陈世昌的办法也为世人称道。陈世昌有"财来自有方"的能力，他借钱的本事被赵耀东称为世界第一。可是，当邀请陈世昌出任中钢财务顾问时却被拒绝，一请二请不奏效，赵耀东干脆就跪在这个奇才的面前。陈世昌大惊，慌忙下跪还礼。赵耀东说："你不肯应承，我就不起来。"陈世昌说："何必强我所难。"如此对跪了整整15分钟，这两位已年近花甲的老人终于握手大笑而起，陈世昌被赵耀东的真诚所打动，应允出山相助。赵耀东常说："办中钢这样大的事业，最要紧的是选人才。"

资料来源：《创新创业典型案例集》

四、合作精神与创业

在创业过程中存在既有竞争又有合作的合作竞争机制，在这种机制中需要合作精神。通过合作方式，企业可以在培训、金融、技术开发、产品设计、市场营销等方面实现高效的网络化的互动与合作，以克服内部规模经济的劣势。通过合作可以使信息的流通更为顺畅，加快观念、知识和技术的传播，缓和经济利益的冲突，减少交易过程中的障碍，从而获得集体效率。在创业过程中，通过合作可以得到想要的资金、资源等，仅靠个人的能力是不够的，还应引进和挽留人才，加强同相关利益者的联系与合作，缓冲多方矛盾，以更好地促进创业成功。

案 例

香港企业家李贵辉是个年轻的创业者，在短短的10多年时间里，他在香港及海外拥有庞大的企业，赢得了众多的荣誉。李贵辉以诚待人，对待助手们，他首先是信任，其次是依靠。对企业管理，他以指导性计划为主，实行宏观调控。自己负责创造经营的大环境，对重大问题指点迷津，具体的经营管理则充分交由下属承担，这样，下属们能放开手脚，干劲倍增。

李贵辉十分体贴爱护员工，他曾定下这样的规定：职工一律只取50%的工资，余下的50%由公司负责寄往职工家中，这条措施意在防止有些员工胡乱花钱，影响家庭生活。如此周到的考虑、充满爱意的规定，受到了员工与其家庭的欢迎。李贵辉体贴爱护员工的事情非常多。一次，他在内地雇用的一个工人的母亲病重住院，他知道后立即给所在医院的院长打了长途电话，要求院方尽全力组织力量抢救。李贵辉就是这样从生活上、经济上关心体贴员工，使员工工作起来尽心尽责、任劳任怨，从而为企业的发展奠定了基础。李贵辉关心爱护员工，员工也很尊重他、支持他，竭力维护李氏企业的声誉。例如，两个"嘉丽"公司先后招收了1000多名梅县子弟。他们进公司后，发扬了"过江龙"的精神，在各省市承包了不少工程，一年盈利数百万元人民币。由于有信誉，工程不转包，不取巧，保质保期，设计、施工都由自己干，不假手于他人，所以获得了一致的信任。而员工则是纪律严明，工作作风严谨，不聚赌，不闹事，甚至不逛夜街，人称"客家大军"。李贵辉得到了最好的回报。对待朋友，他也是以诚相待。李贵辉的朋友很多，这些朋友在事业上给了他很大的支持。他信奉"信人，人亦信己"这句话，他的从商之道，首要原则是忠于朋友，所以朋友们对他的支持也很多。他在梅州市筹建工业城时，海外几十家厂商前来投资，他们都是李贵辉的老朋友和忠实的贸易伙伴。

资料来源："香港年轻爱国企业家·李贵辉"，《中外企业家》1995年1期

　　企业家精神是创业成功的巨大推动力，在创业过程中，创业者应当努力培育企业家精神，提高自身素养和能力。只有这样才能更好地推动创业成功，创造价值。

第三章　创 业 团 队

　　谈到团队的组建，《西游记》中由唐僧率领的取经团队被公认为是一支"黄金组合"的创业团队。四个人的性格各不相同，却又同时有着不可替代的优势。例如，唐僧慈悲为怀，使命感很好，有组织设计能力，注重行为规范和工作标准，所以他担任团队的主管，是团队的核心；孙悟空武功高强，是取经路上的先行者，能迅速理解、完成任务，是团队业务骨干和铁腕人物；猪八戒看似实力不强，又好吃懒做，但是他善于活跃工作气氛，使取经之旅不至于太沉闷；沙僧勤恳、踏实，平时默默无闻，关键时刻他能稳如泰山、稳定局面。

　　但是，创业路上并没有那么好的机缘和条件，能幸运地聚集到这样四个不同性格的人。所以，如果只能从这四个人中挑选出两个人来作为创业成员的话，你会挑选哪两个？在一次活动中，牛根生客串主持人，向马云和俞敏洪提出了这样一个问题。俞敏洪选沙僧和孙悟空，马云选了沙僧和猪八戒。两人都选择了耿直忠厚的沙僧，但是关于另一个人选，两人的选择却很有意思。马云这样解释他为什么选择猪八戒："最适合做领袖的当然是唐僧，但创业是孤独寂寞的，要不断温暖自己，用左手温暖右手，还要一路幽默，给自己和团队打气，因此我很希望在创业过程中有猪八戒这样的伴侣。当然，猪八戒做领导的才能是很欠缺的，但大部分的创业团队都需要猪八戒这样的人。"俞敏洪不赞同马云的选择，他认为猪八戒不适合当一个创业伙伴，猪八戒是很能搞活气氛，让周围的人轻松起来，但是缺点也很突出，就是不坚定，需要领袖带着才能往前走。而且猪八戒没信念，哪儿好就会去哪儿，哪有好吃的就往哪儿去，很容易在创业过程中发生偏移，企业有钱时会（大赚一笔后）离开，企业没钱时也很可能会弃企业而去。而孙悟空就不会这样，他是一个很理想的创业成员。俞敏洪认为孙悟空的优点很明显：第一，有信念，知道取经就是使命，不管受到多少委屈都要坚持下去。第二，有忠诚，不管唐僧怎么折磨他，他都会帮助唐僧一路走下去。第三，有头脑，在许多艰难中会不断想办法解决。第四，有眼光，能看到别人看不到的机会和磨难。当然，孙悟空也有很多个人的小毛病，会闹情绪，撂担子，所以需要唐僧必要时念念紧箍咒。但是，在取经路上，孙悟空所起到的作用是至关重要的。如果将西天取经比喻成一次创业过程，那么孙悟空就是其中不可或缺的创业成员。

　　新东方的创业团队就有些类似于唐僧的取经团队。徐小平曾是俞敏洪在北大时的老师，王强、包凡一同是俞敏洪北京大学西语系80级的同班同学，王强是班长，包凡一是大学时代睡在俞敏洪上铺的兄弟。这些人个个都是能人、牛人。所以，新东方最初的创业成员，个个都是"孙悟空"，每个人都很有才华，而个性却都很独立。俞敏洪曾坦诚地说："论学问，王强出自书香门第，家里藏书超过5万册；论思想，包凡一擅长冷笑话；论特长，徐小平梦想用他沙哑的嗓音做校园民谣，他们都比我厉害。"

想要创业成功，就必须组建一支核心团队。团队在创业过程中发挥集体的智慧，有助于创业机会的识别、开发和利用，避免个人主观臆断造成损失，因而团队创业成功的概率高于个人创业。团队创业中，创业团队的质量是影响创业成败的关键因素，因此，为了提高创业成功的概率，需要特别关注组建与管理创业团队的方法。

第一节　团队与创业团队

一、团队的定义

团队是由两个及两个以上的个人组成的，通过人们彼此之间的相互影响、相互作用，在行为上有共同规范的一种介于组织和个人之间的组织形态。其重要特点是团队内成员间在心理上有一定的联系，彼此之间相互影响。

团队是指在工作中紧密协作并相互负责的一小群人，他们拥有共同的目的、绩效目标以及工作方法，且以此为自我约束。团队是相对部门或小组而言的。部门和小组的一个共同特点是：存在明确内部分工的同时，缺乏成员之间的紧密协作关系。团队则不同，团队的成员之间没有明确的分工，彼此之间的工作内容交叉程度高，相互间的协作性强。

团队在组织中出现，根本上是组织需要适应快速变化的环境的结果。"团队是高效组织应付环境变化的最好方法之一"。为了适应环境变化，必须简化组织结构层级和提供顾客服务的程序，将不同层级中提供同一服务的人员或服务于同一顾客的不同部门、不同工序人员结合在一起，从而在组织内形成各类跨部门的团队。

团队可以把以前按顺序而又前后脱节的工作放在一起进行。团队可以随时组建，一旦完成工作，也可随时解散。它所完成的工作是用其他方法无法完成的。可以说，不管是从事新产品研发还是改进工艺流程，团队都能够把多种优势、技能和知识糅合在一起。

二、团队的构成要素

团队的构成要素总结为 5P，分别为目标、人、定位、权限、计划。

（一）目标

每个团队都必须有一个共同的目标（purpose），为组织成员导航，使每个人都知道要向何处去，没有目标团队就失去了价值。团队的目标必须跟组织的目标一致，大目标要分成小目标，然后落实到团队成员身上，从而集众人之力实现共同目标。

（二）人

人（people）是构成团队最核心的力量，两个及以上的人就能构成团队。目标是通过人来实现的，所以人的选择是团队中非常重要的一个部分。在一个团队中需要有人出主意，有人制订计划，有人实施，有人协调不同的人一起工作，还需要有人去监督团队工作的进展，评价团队最终的贡献。不同的人通过分工来完成团队的共同目标。在人员选择方面，要考虑人员的个人能力如何，人员技能是否互补，人员的经验如何。

（三）定位

团队定位（place）包含两层意思：第一是团队整体在企业中处于什么位置，由谁选择和决定团队的成员，团队最终应对谁负责，团队采取什么方式激励和领导下属；第二是团队成员个体的定位，就是每个成员在完成任务的过程中扮演什么角色。

（四）权限

团队领导者的权限（power）大小跟团队的发展阶段相关联。一般来说，团队越成熟，领导者所拥有的权限相应地越小，在团队发展的初期阶段领导权则相对比较集中。团队权限关系的两个方面如下所述。

第一，整个团队在组织中拥有哪些方面的决定权？如财务决定权、人事决定权、信息决定权。

第二，组织的基本特征，如组织的规模多大，团队的数量是否足够多，组织对于团队的授权有多大，它的业务是什么类型。

（五）计划

计划（plan）有两层含义：第一，目标最终的实现，需要一系列具体的行动方案，可以把计划理解成实现目标的具体工作程序。第二，按计划进行可以保证团队的工作进度。只有按照计划进行工作，团队才能够一步一步地贴近目标，最终实现目标。

三、团队的类型

根据团队存在的目的和拥有自主权的大小可将团队分成四种类型：问题解决型团队、自我管理型团队、多功能型团队和虚拟型团队。

（一）问题解决型团队

问题解决型团队是指组织成员就如何改进工作程序、方法等问题交换看法，对如何提高生产效率和产品质量等问题提出建议。本类型团队的工作核心是提高生产产量、提高生产效率、改善企业工作环境等。在这样的团队中成员就如何改进工作程序和工作方法相互交流，提出一些建议，但成员几乎没有什么实际权力来采纳建议并采取行动。

（二）自我管理型团队

自我管理型团队，也称自我指导团队，一般由5～30名员工组成，这些员工拥有不同的技能，轮换工作，能够生产整个产品或提供整个服务，接管管理的任务，如工作和假期安排、订购原材料、雇用新成员等。自我管理型团队，顾名思义，它是工作团队的一种，保留了工作团队的基本性质，但运行模式方面增加了自我管理、自我负责、自我领导的特征。

从团队的成熟度角度来看，自我管理型团队的建设一般需要经历团队启动、团队震荡、以领导为核心的团队、紧密的团队、自我管理型团队五个阶段。自我管理型团队的建设也伴随着决策权限的转移，随着团队的不断发展完善，团队的权限不断加强，管理者的权限逐渐降低，团队自我管理、自我负责、自我领导、自我学习的特点逐渐显现。

（三）多功能型团队

多功能型团队由来自同一等级、不同工作领域的员工组成，他们走到一起的目的就是完成某项任务。多功能型团队是一种有效的团队类型，它能使组织内（甚至组织之间）不同领域员工之间交换信息，激发产生新的观点，解决面临的问题，协调复杂的项目。但是多功能型团队在形成的早期阶段需要耗费大量的时间，因为团队成员需要学会处理复杂多样的工作任务。在成员之间，尤其是在背景、经历和观点不同的成员之间，建立起信任并能真正地合作也需要一定的时间。

（四）虚拟型团队

虚拟型团队是人员分散于相对较远的不同地点但通过远距离通信技术一起工作的团队。虚拟型团队的人员分散在相隔很远的地点，可以是在不同城市，甚至可以跨国、跨洲。人员可以跨不同的组织，工作时间可以交错，联系依靠现代通信技术。他们为完成共同的目标和任务而组建。与传统团队相比，虚拟型团队在人才、信息、效率、竞争和成本等方面具有明显优势。

四、团队与群体的区别

群体是指两个及两个以上的人，为了达到共同的目标，以一定的方式联系在一起进行活动的人群。群体虽然是相对于个体而言的，但并不是任何几个人就能构成群体。尽管各群体在类型、大小、性质、规模等方面千差万别，但所有群体都具有下面几个特征。

首先，各成员之间具有共同的群体目标与利益。任何一个群体都必须具有群体目标，群体内有相互协作与配合的组织保证，群体内每一个成员都有共同的兴趣，并为实现群体目标而做出自己的努力。通常，群体的目标是单个个体无法独自实现的。

其次，每个成员都具有群体意识。群体中每个成员都意识到自己是群体的一员，意识到其他成员的存在，并与他们相互影响，建立起相互依存的关系与情感，群体成员之间需要经常进行必要的交流与沟通。群体的成员资格有助于建立积极的社会认同，有利于形成一体化的自我感觉。几个人集合在一起，若彼此在心理上没有太多的联系，那么这几个人就称不上是群体，只能说是一堆人或一群人。

再次，如果想要各成员之间能够密切协作和配合，那么群体内部一定要有群体分工，有一定的组织结构。群体中的每一个成员都在群体内占有一席之位，扮演一定的角色，执行一定的任务，有一定的权利和义务，即群体分工。例如，一个公司群体有董事长、总经理、供销、技术、宣传等分工，各成员做到各司其职。

最后，群体要满足各成员的归属感需要。这是个体在自我感觉上认为自己归属于所属群体的一种情感，和群体在心理上有依存关系和共同感。有了这种情感，个体就会以这个群体的目标为准则，进行自己的活动、认知和评价，自觉地维护群体的利益，并与群体内其他成员在情感上产生共鸣。

团队和群体经常容易被混为一谈，其实它们之间有根本性的区别，汇总为六点：①领导方面。作为群体，应该有明确的领导人；团队就不一样，尤其是团队发展到成熟阶段时，成员共享决策权。②目标方面。群体的目标必须跟组织保持一致，但团队中还可以产生自己的目标。③协作方面。协作性是群体和团队最根本的差异，群体的协作性是中等程度的，有时个别成员还可能会有些消极，有些对立；但团队中各成员是齐心协力的。④责任方面。群体的领导者负有很大责任，而团队中除了领导者需要负责之外，每一个团队的成员也要负责，甚至要相互作用、共同负责。⑤技能方面。群体成员的技能可能是不同的，也可能是相同的；而团队成员的技能是相互补充的，团队把不同知识、技能和经验的人组合在一起，形成角色互补，从而达到整个团队的有效组合。⑥结果方面。群体的绩效是每一个个体的绩效相加之和，团队的结果或绩效是由大家共同合作完成的。

五、创业团队及其内涵

创业团队，顾名思义，指的就是由创业者组成的团队，是创业活动的主体，是创业活动的发起者。创业团队有狭义和广义之分。狭义的创业团队是指有着共同目的、共享创业收益、共担创业风险的一些创建新企业的人，即初始合伙人团队。广义的创业团队不仅包括狭义的创业团队，还包括与创业过程有关的各种利益相关者，如风险投资家、专家顾问等。

创业团队成员必须从创业初期就加入到团队中，全身心全程参与企业创建过程，共同分享创业的苦乐，并且必须对创业活动进行资源的投入且获取一定的收益。另外，创业团队成员一般都是企业中的核心成员。

总体上，对创业团队的内涵把握可以从以下三点入手。

首先，创业团队是特殊群体。创业团队首先是群体，成员在创业初期把创建新企业作为共同努力的目标，在集体创新、分享认识、共担风险、协作进取的过程中，形成了特殊的情感，创造出了高效的工作流程。

其次，创业团队工作绩效大于所有个体成员独立工作时的绩效之和。虽然个体创业团队成员可能具有不同的特质，但他们相互配合、相互帮助，通过坦诚的意见沟通形成了团队协作的行为风格，能够共同对拟创建的新企业负责，具有一定的凝聚力。曾有研究得出这样的结论：工作群体绩效主要依赖于成员的个人贡献，而团队绩效则基于每一个团队成员的不同角色和倾尽全力所产生的乘数效应。

最后，创业团队是高层管理团队的基础和最初组织形式。现实中，在创建新企业的初期或小企业成长早期组建的企业团队，往往被人们称为"元老"。而高层管理团队则是创业团队组织形式的继续。虽然在高层管理团队中既可能还存在部分创业时期的元老，也有可能所有的创业元老都不再存在，但高层管理团队的管理风格在很长一个时期内是很难彻底改变的。

六、创业团队的类型

一般说来，创业团队大体上可以分为三种：星状创业团队、网状创业团队和虚拟星状创业团队。

（一）星状创业团队

一般在团队中有一个核心主导人物，充当了领军人物的角色。这种团队在形成之前，一般是核心主导人物有了创业的想法，然后根据自己的设想开始组织创业团队。因此，在团队形成之前，核心主导人物已经就团队组成进行过仔细思考，根据自己的想法选择相应人物加入团队，这些加入创业团队的成员也许是创业者以前熟悉的人，也有可能是不熟悉的人，但是这些团队成员在团队中多数时候扮演的是支持者的角色。

这种创业团队有如下几个明显的特点。

（1）组织结构紧密，向心力强，核心主导人物在组织中的行为对其他个体影响巨大。

（2）决策程序相对简单，组织决策效率较高。

（3）容易形成权力过分集中的局面，从而使决策失误的风险加大。

（4）当其他团队成员和核心主导人物发生冲突时，因为核心主导人物的权威相对较大，使其他团队成员在冲突发生时往往处于被动地位，在冲突较严重时，一般其他成员都会选择离开团队，因而对组织的影响较大。

（二）网状创业团队

这种创业团队的成员一般在创业之前都有密切的关系，如同学、亲友、同事等。一般都是在交往过程中，共同认可某一创业想法，并就创业达成了共识以后，开始进行创业。在创业团队组成时，没有明确的核心人物，大家根据各自的特点自发地进行组织角色定位。因此，在企业创业初期，各位成员基本上扮演协作者或者伙伴角色。

这种创业团队有以下几个明显的特点。

（1）团队没有明显的核心，整体结构较为松散。

（2）组织进行决策时，一般采取集体决策的方式，通过大量的沟通和讨论达成一致意见，因此组织决策效率相对较低。

（3）各团队成员在团队中的地位基本相同，因此容易在组织中形成多头领导的局面。

（4）当团队成员之间发生冲突时，一般采取平等协商、积极解决的原则消除冲突，因此团队成员不会轻易离开。但是一旦团队成员间的冲突升级，某些团队成员撤出团队，就容易导致整个团队的瘫痪。

（三）虚拟星状创业团队

这种创业团队由网状创业团队演化而来，某种程度上来说是前两类团队的中间形态。在团队中，有一个核心成员，但是该核心成员地位的确立是团队成员协商的结果，因此核心人物某种意义上说是整个团队的代言人，而不是主导型人物，其在团队中的行为必须充分考虑其他团队成员的意见，相对星状创业团队中的核心主导人物权威性较弱。

第二节　组建创业团队

创业团队的组建就是为创业搭建平台，是一项需要谨慎对待的复杂工程。一个好的创业团队能够达到 1＋1＞2 的效果；反之，团队不能形成合力，会影响到整个团队的创业成效，甚至导致创业项目的失败。

一、创业团队组建的原则

（一）价值目标趋同原则

共同的价值观和目标是创业团队组建的前提。团队成员在共同价值观的指引下，通过分工协作，才能向着一致的目标共同努力。需要考察的创业团队成员的价值目标主要包括是否诚实守信、为人处世如何、创业目标是什么三个方面。要尽量寻找那些有共同目标的人一起创业。在创业实践中，应制订合理的目标，合理的目标是指经过大家努力协作可以实现的目标。有些创业团队在创业初期定的目标过高，容易使团队失去信心；目标定得过低，容易丧失斗志与激情，制订合理的目标是一项具有艺术性的工作。

（二）义利并重原则

创业团队成员之间的合作是以利益为基础的，应义利并重、以利为主，以契约的形式使其规范化。创业团队核心人员在创业中要注重企业的整体利益，注重与其他团队成员的关系，处理好个体与整体的关系、全局与局部的关系，做到人我两利、义利并重，在个体与整体之间求得最佳平衡点。团队是企业凝聚力的基础，成败属于整体而非个人，成员能够同甘共苦，经营成果能够公开且合理地分享，团队就会形成强大的凝聚力与一体感。

（三）能力技能互补原则

从人力资源管理的角度来看，具有优势互补特点是保持创业团队稳定的关键。在创建一个团队的时候，不仅仅要考虑团队成员相互之间的关系，最重要的是要考虑成员之间能力技能上的互补。一般创业团队的建设应从四个方面来考察能力技能的互补性，即价值观是否相同、创业目标是否相似、性格兴趣是否互补、能力经验是否互补。

（四）团队动态调整原则

没有一个团队从成立开始就固守已有的规模并且人员不变，因为人的能力和个性具有不完全信息的特点，在创业的过程中不适合团队文化、达不到标准的成员会让整个团队人心涣散、坐吃山空，同时有的成员在创业的过程中因为自身原因退出队伍，或现有团队成员不能满足现今企业发展的要求，需要适当引进新的成员或淘汰不合格的成员。所以，在创业团队成立之时就需要预见到可能的人员流动或资金撤出，提前做好人员或资金储备。

📖 扩展阅读 》》》

在知识、技能和经验方面具有互补性质的人员组成的团队能更高效地完成任务，更容易取得辉煌的成就。2003—2004 年，英格兰足球超级联赛豪门球队阿森纳创造了震惊世界的 49 场联赛不败纪录。36 胜 13 平，49 场比赛中攻入 147 球，这支攻守均衡、配合完美的队伍令当时欧洲其他球队胆寒。性格儒雅、崇尚华丽足球的温格教练是这个团队的核心，他根据自己的战术思想在世界范围内甄选最合适的球员，他铸就的这支不败之师阿森纳，强大、完美到令人心颤。防线上，坎贝尔和科洛-图雷组成的中卫组合无懈可击，阿什利-科尔和劳伦在两翼的表现也堪称完美；中场由维埃拉和皮雷坐镇，他们二人领导的中场，在攻守两端都表现得游刃有余，是球队的攻防节拍器；锋线上，"大帝"亨利和"冰王子"博格坎普组成的双前锋，用娴熟的配合和超常的实力攻城拔寨，打出了赫赫威名。这支人员配置近乎完美的球队，在 49 场不败历程中表现出了坚毅、铁血的风格，防守强悍的同时亦展开了华丽的进攻。这段历史在被永远载入史册的同时，也注定永远被人们珍藏在记忆之中。

二、创业团队组建的基本条件

（一）树立正确的创业团队理念

拥有正确创业团队理念的成员相信所有成员处在一个命运共同体中，共享收益，共担风险，形成凝聚力；拥有正确创业团队理念的成员认同诚实正直是有利于顾客、公司和价值创造的行为准则；拥有正确创业团队理念的成员相信他们正在为企业的长远利益工作，正在成就一番事业；拥有正确创业团队理念的成员承诺为顾客增加价值，使供应商因团队成功而获益，为创业团队的所有支持者和各种利益相关者谋利。

（二）确立明确的创业团队发展目标

目标在创业团队组建过程中具有特殊的价值，目标是一种有效的激励因素，是创业团队克服困难、取得胜利的动力；目标是一种有效的协调因素，创业团队中各种成员的个性、能力有所不同，只有确立明确的创业团队发展目标才会得到最终的胜利。

（三）建立责、权、利统一的创业团队管理机制

创业团队要制定相关的管理规则，妥善处理好团队内部及团队成员间的权力关系和利益关系。建立创业团队管理机制主要包括：治理层面的规则，主要解决剩余索取权和剩余控制权问题；文化层面的规则，主要解决企业的价值认同问题；管理层面的规则，主要解决指挥管理权问题。

三、创业团队组建的程序

创业团队的组建是一个相当复杂的过程，不同类型的创业项目所需的团队创建步骤也不完全相同。概括来讲，大致的组建程序如下。

（一）明确创业目标

总目标确定之后，为了推动团队最终实现创业目标，需将总目标加以分解，设定若干可行的、阶段性的子目标。

（二）制订创业计划

一份完整的创业计划，必然包含创业团队的核心计划和人力资源计划。通过创业计划可以进一步明确创业团队的具体需求，如人员的构成、素质和能力要求、数量要求等。创业团队的组建需要契合创业计划的要求，以匹配创业项目的运作。

（三）招募合适的人员

招募合适的人员是创业团队组建中最关键的一步。关于创业团队成员的招募，主要应考虑两个方面：一是互补性。一般而言，创业团队至少需要管理、技术和营销三个方面的人才，只有这三个方面的人才形成良好的沟通协作关系后，创业团队才可能实现稳定高效。二是适度规模。适度的团队规模是保证团队高效运转的重要条件，成员太少则无法实现团队的功能和优势，而过多又可能会产生交流障碍，团队很可能会分裂成许多较小的团体，进而大大削弱团队的凝聚力。一般认为，创业团队的规模控制在 2～12 人最佳。

（四）职权划分

创业团队的职权划分就是根据执行创业计划的需要，具体确定每个团队成员所要担负的职责以及所享有的相应权限。

（五）构建创业团队制度体系

创业团队制度体系体现了创业团队对成员的控制和激励能力，主要包括团队的各种约束制度和各种激励制度。

（六）团队的调整融合

随着团队的运作，团队组建时在人员匹配、制度设计、职权划分等方面的不合理之处会逐渐暴露出来，这时就需要对团队进行调整融合，这是一个动态持续的过程。

扩展阅读 》》》

小宋毕业于国内某名牌大学的机电工程系，是液压机械专业的工学硕士。毕业以后，小宋到北京某研究院工作，其间因业绩突出而被破格聘为高工。在我国科研体制改革大潮的冲击下，小宋和另外几个志同道合者创办了一家公司，主要生产液压配件，公司的资金主要来自几个人股东，包括小宋本人、他在研究院时的副手老黄，以及他原来的下属小秦和小刘。他们几个人都在新公司任职，老黄在研究院的职务还没辞掉，小宋、小秦、小刘等人则彻底割断了与研究院的联系。新公司还有其他几个股东，但都不在公司任职。各人在公司的职务安排是，小宋任总经理，负责公司的全面工作，小秦负责市场销售，小刘负责技术开发，老黄负责配件采购、生产调度等。

近年来公司业务增长良好，但也存在许多问题。第一，市场竞争日趋激烈，公司主要业务方面面临严峻的挑战。第二，老黄由于要等研究院分房子而未辞掉在原研究院的工作，尽管他分管的一摊子事抓得挺紧，小宋仍认为他精力投入不够。第三，有两个外部股东向小宋提建议，希望公司能帮助国外企业做一些国内的代理和售后服务工作。这方面的回报不低，这使小宋（也包括其他核心成员）颇为心动，但现在仍举棋不定。第四，由于公司近两年发展迅速，股东的收入有了较大幅度的增加，企业初创时的那种拼搏奋斗精神正在消退。例如，小宋要求大家每天必须工作满 12 小时，有人表现出明显的抵触情绪，或者勉强应付，或者根本不听。公司的业绩在增长，规模在扩大，小宋感到压力也越来越大。他不仅感到工作很累，而且对目前公司的状况有点不知所措，不知该解决什么问题，该从何处入手，公司的某些核心成员也有类似的感觉。

【思考】

1. 你认为小宋创建的团队有何优势？

2. 在小宋创业的过程中，团队是成功的重要保证，但也出现了很多问题，你认为问题主要出在什么地方？

3. 团队如何适应新形势？你能给出好的建议吗？

第三节 创业团队的管理

创业团队组建成功之后，团队的后续管理就显得尤为重要。创业团队的管理不同于工作团队的管理，重点在于结构管理，而不是过程管理。管理的过程是有效组织的过程，要达到高效率，需要解决内部冲突，运用制度手段规范管理。良好的团队管理是团队绩效的有力保证，是完成团队目标的前提。

一、创业团队的制度建设

（一）产权制度建设

要想创业成功，首先要明确产权制度。产权制度是企业经营活动赖以存在的基础，一个企业如果没有良好的产权制度，尤其是没有和现代生产力相匹配的产权制度，就不可能充满活力和快速发展。

产权是所有制关系的法律表现形式。它包括财产的所有权、占有权、支配权、使用权、收益权和处置权。在市场经济条件下，产权的属性主要表现在三个方面：产权具有经济实体性、产权具有可分离性、产权流动具有独立性。产权的功能包括激励功能、约束功能、资源配置功能、协调功能。产权制度是科学合理的以法权形式体现的所有制关系，用来巩固和规范商品经济中的财产关系，约束人的经济行为，维护商品经济秩序，保证商品经济顺利运行的法权工具。

明确产权制度，有利于凝结创业团队，有利于获取创业需要但自己未直接掌握的关键资源，有利于关键人员掌握企业剩余的控制权和索取权，有利于提高创业活动的效率。

（二）人事制度建设

创业团队的人事制度建设主要包括甄选制度、薪酬制度、评估制度，另外还需要关注考勤制度、奖惩制度及培训制度。

要想获得创业的成功，不管何种类型的创业团队，都必须在创业前慎重选择成员。只有适合创业企业的成员才能被吸收进创业团队，进行企业的管理运作。不适合的人不应该被拉进创业团队，否则会给企业的管理以及发展带来巨大的潜在危害。在团队初始组成时，就应建立甄选制度，确立甄选标准。在制定甄选制度时应充分考虑团队成员加入的目的、知识结构、性格、兴趣和价值观念等方面的问题。

创业团队的薪酬制度建设对于促进团队成员的工作积极性、吸引并留住高素质的人才是至关重要的。对于企业的创始人来讲，如何设计薪酬制度是在企业创建之初就面临的重要问题之一。这个问题的复杂性在于：首先，创业团队成员有不同的贡献，需要对不同贡献的成员采取不同的激励制度；其次，有各种薪酬制度可供选择，如员工持股、期权制，远期来讲还有经理层收购（management buy-outs，MBO）等，需要选择最适合企业的制度；另外，随着企业的发展，需要调整企业的薪酬制度，对于自我发展机会或自我实现机会等这样的内在报酬可以始终贯彻企业的整个生命周期，但是对于外在报酬则需要针对企业不同的发展给予不同的策略。

绩效评估是人力资源管理的核心，许多人力资源管理的工作需要以绩效评估为基础，如对员工的奖惩、培训等。创业团队绩效评估的步骤包括观察和评估团队成员，记录评估结果并向成员提供反馈。创业团队中绩效评估制度不完善会导致成员不公平情绪的产生，也会成为创业团队成员流失的一个重要原因。

一般来讲，要使绩效评估成为创业过程中的积极力量，必须做好两件事：一是通过开发和应用以评估标准为基础的评估系统来精确地评价创业团队成员的绩效；二是培训评估者，使他们能有效地利用评估系统进行评估，以提高团队成员的创业激情，促进员工进一步发展。

（三）财务制度建设

研究表明，许多初创企业在1年内就倒闭的直接原因是财务管理不善，应收账款中的坏账太多，频频发生流动资金短缺问题。初创企业的财务部门常常是一个会计、一个出纳，完全不足以应付如此众多的挑战。创业者要特别注重财务监控问题，不能简单地把财务管理视作"记账"，要由有专业技能的专人负责。在财务方面，一般应制定报销制度、现金流量、制定预算、核算和控制成本等制度。

二、团队内部的冲突管理

在一定范围内，冲突有利于激发团队成员和分享不同的观点，进而形成更好的决策。但如果冲突超越了认知的范畴，就可能导致创业团队的决策失效，甚至引发团队分裂和解散。因此，管理团队冲突是核心创业者必须具备的才干之一。

在一个团队中，由于成员意见不同等原因产生一些内部冲突是不可避免的，然而这些冲突并不都会影响团队绩效。通常我们将富有建设性的正面冲突称为认知冲突，将具有破坏性的负面冲突称为情感冲突。认知冲突是指团队成员围绕经营管理、管理模式、发展路径等重大问题的讨论所产生的分歧，它的主要特点是，成员以企业共同目标为出发点，而不以个人感情倾向为导向，乐于倾听对方的观点和意见。情感冲突是个人根据感情方面的取向,为了个人利益与他人产生的分歧。这种冲突的出发点不是组织的目标,一般表现为讽刺、敌意、人身攻击、冷漠等。情感冲突容易侵蚀团体,导致团队的向心力不强,甚至使团队遭遇到解散的危险。如图 3-1 所示。

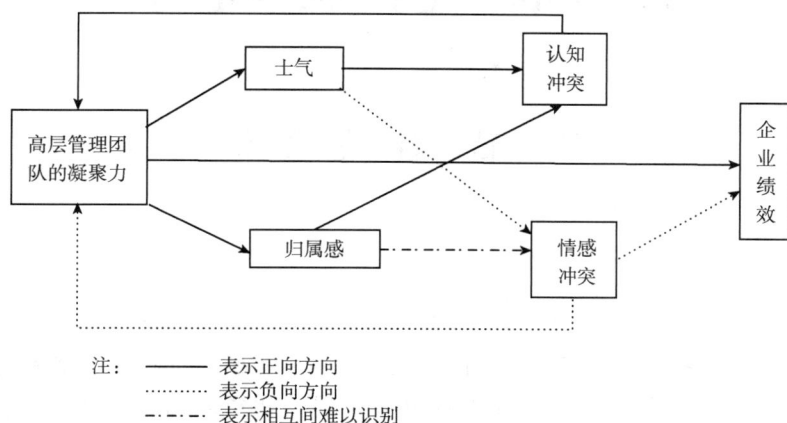

注: ——— 表示正向方向
    .... 表示负向方向
    —·—·— 表示相互间难以识别

图 3-1 认识冲突和情感冲突对企业的影响

在冲突管理中,核心创业者首先要注意利用激励手段来鼓励正面冲突,让团队成员感受到通过知识分享实现创业成功后,能获得相应的收益和价值。此外,创业者要保持开放的心态,塑造出创业团队是一个整体而不是特意突出某个个人的集体印象。这样,有助于把团队成员之间的观点争论控制在可管理的范畴之内,而不是演化为团队成员之间的矛盾。一旦发生情感冲突,创业者应该理性地判断团队存续的可能性,通过替换新成员来及时化解情感冲突,比维持旧成员处理情感冲突往往更加有效。

三、创业团队的绩效评估与激励

绩效评估,又称绩效考评、绩效考核,是一种正式的员工评估制度,也是人力资源开发与管理中一项重要的基础性工作,旨在通过科学的方法、原理来评定与测量成员在职务上的工作行为和工作效果,总体上分为结果导向性的绩效评估方法、行为导向性的绩效评估方法、特质性的绩效评估方法和其他绩效评估方法。

激励目的是调动企业成员工作的积极性,激发他们工作的主动性和创造性,以提高组织的效率。创业者应从企业自身的特点出发,设计激励措施来激励组织成员:第一,通过制定公平、科学的绩效评估体系来直观地激励员工;第二,要充分考虑到成员的个体差异,实行差别激励,制订个性化的激励措施;第三,物质激励与精神激励相结合;第四,增加培训,提高成员综合素质。

第四章 创业机会

第一节 寻找蓝海

一、蓝海与红海

现今的市场由两种海洋组成：蓝海和红海。蓝海指的是目前还不存在的产业，即市场未知的空间；红海指的是现存的所有产业。市场空间越发拥挤，导致越来越多的企业利润下降，市场竞争已经白热化。基于竞争战略理论和资源理论，在行业内供给大于需求的情况下，企业无法获得高利润。此时，企业应当跳出红海，寻求蕴藏丰厚利润和广大发展空间的蓝海。

19世纪中期，美国加利福尼亚州传出发现金矿的消息。许多人认为这是千载难逢的好机会，于是纷纷赶往加州。17岁的小农夫亚默尔受到淘金热的影响，也跟着敞篷车千辛万苦来到加州。淘金梦是美丽的，做梦的人越来越多，一时间加州遍地都是淘金者，但金子越来越难淘到，同时人们的生活越发困苦。美国西部山谷气候干燥，水源奇缺，人们干渴难熬时便会说："要是有一壶凉水，我给他一块金币。""谁给我狂饮，我给他两块。"说者无心，听者有意，亚默尔突发奇想，淘金发财的可能太渺茫了，卖水发财的可能还是挺大的。于是，亚默尔毅然退出淘金队伍，不去挖金矿，而去挖水渠。他将河水引入水池，经细砂过滤，成为清凉可口的饮用水，然后将水装进水桶，拉到山谷，一壶一壶卖给淘金者，收获一块一块的金币。有人嘲讽亚默尔胸无大志，被蝇头小利所惑，亚默尔却不为所动。数月后，大多数淘金者空手而归，而亚默尔则靠卖水挣得6000美元，并把它作为启动资金在家乡开办了罐头厂。后来，亚默尔成为美国食品大王。

这就是蓝海战略。

常常有80后、90后的朋友说创业机会都被60后、70后抢光了，我们空有满腔的抱负，却没有机会；目光所及之处都是红海，压根看不到蓝海；甚至有人年纪轻轻就发出了"生不逢时"的感叹。

马云在荣膺"2009 CCTV经济年度人物十年商业领袖奖"后，发表过这样一段演讲：

"我感谢这个时代，感谢互联网，感谢十年，也感谢所有的创业者，我也感谢今天没有获得这个奖的正在努力的创业者。我坐在下面想，今天这个奖是代表了所有的创业者，没有成功的创业者。我们这一代人我觉得是很幸运的，创业者并没有失败，只要你不放弃，永远有机会。阿里巴巴的经验告诉我们，如果阿里巴巴能成功，中国80%的年轻人都能成功。

"今天早上一个年轻人问我，现在所有的机会都被你们抢光了，我们是不是没有机会了？我们十年以前也在问自己这个问题，我们没有钱、没有机会，那我们要怎么做？

但是十年的经历告诉我们，实践不是这样的。中国不缺乏机会，是我们缺乏找到机会的能力，更缺乏把握机会的勇气和胆识。所以阿里巴巴前面十年把握了机会，未来的十年，刚才马化腾也讲了每个人都有自己的定位，我们也明确自己的定位。我们知道做企业跟做人一样，今天我这张脸不可能像马化腾那么帅，但是我可以把它变成艺术品。今天我们必须走出平常的路，我们必须把阿里巴巴的机构做得越来越强、越来越大，我也相信未来十年是中国经济关键的十年，也是世界经济关键的十年，如何把握这十年？这十年为别人创造机会，也是为自己创造机会，所以我觉得对阿里巴巴来讲不是把自己的机会做得越大越强，而是让更多的小企业成长起来，让更多的小企业成功，我特别希望未来几年中国人物中有我们小企业，创造中国绝大部分国内生产总值（gross domestic product，GDP）的小企业能够成为年度经济人物。"

成功者与失败者的区别就在于观念，在于思维模式。其实，在目前的中国，各个行业、各种领域都存在大量的创业机会，到处都是前景广阔的蓝海，关键就在于我们用什么样的观念和思维模式去看它。商机无处不在，不怕找不到，就怕熟视无睹。

二、创意的产生

案 例

拇指在上：精彩按不住

一家啤酒公司面向社会诚征宣传海报，开价是 50 万美元。消息一出，各家策划公司蜂拥而至。在不到半个月的时间内，这家啤酒公司就收到了上千幅广告作品。但是这些作品大都不尽如人意，负责人只从中选择了一件较为满意的作品。

这幅作品的大致内容是这样的：一只啤酒瓶的上半身，瓶内啤酒汹涌，在瓶颈处紧握着一只手，拇指朝上，正欲顶起啤酒瓶的瓶盖，旁边配上的广告标语是，"忍不住的诱惑！"

但是，在交由老总定夺时，老总仅仅看了两秒钟就否决了这幅作品，理由是：用拇指来开瓶盖，这种做法十分危险，若是使用这个广告，那么肯定会有消费者因为模仿广告而导致手指受伤，这样就得不偿失了。

这无疑是一个完美的拒绝，同时又彰显出啤酒公司对消费者无微不至的关怀。

看到老总如此挑剔，许多人都望而却步。然而，一个艺术学院的学生却自信地走进了老总的办公室，提交了自己的作品。也同样是两秒钟的时间，老总激动地从座位上蹦了起来，说："太棒了，这才是我想要的！"这位艺术学院的学生如愿以偿地拿到了 50 万美元的报酬。

很快，这幅海报就铺天盖地般地见诸各大平面媒体，其内容很简单：一只啤酒瓶的上半身，瓶内啤酒汹涌，在瓶颈处，紧握着一只手，拇指紧紧地压住瓶盖，尽管这样，啤酒还是如汩汩清泉般溢了出来。这幅海报的广告标语是："精彩按不住！"

资料来源：冯立新"一厘之差"，《企业改革与管理》2013 年 4 期

同样是一只拇指，仅仅是变换了位置，向上位移了 1 厘米，变换了一下姿势，就赢得了成功！

在许多人看来，这未免有些投机取巧了，然而，我们可曾想过：这短短 1 厘米的背后，境界的差距又有多少呢？

其实很多时候，真正富有创意的人，就是能从"废墟"中挖到"金矿"的人！

任何行动都来源于某种想法，创业活动也不例外。创意是创业活动的根本，任何创业活动没有创意都将很难付诸行动。那么，创意这种神奇的东西是如何产生呢？

（一）创意来源于日常生活

我们身边每天都会发生大大小小的事情，遇到形形色色的人，看到不同的风景，然而这些往往不被我们注意，创意就隐藏在这些被我们忽视的琐碎小事中。就如同比较有创意的想法容易受人重视，而较为普通平淡的想法容易被忽略一样，人们往往低估我们平凡而单纯的生活。

1898 年，鲁特玻璃公司的一位年轻工人亚历山大·山姆森同女友约会，当时女友身着一套筒形连衣裙，显得臀部突出，腰腿部纤细，非常漂亮。山姆森受到启发，他根据女友这套衣服的形象设计出一个玻璃瓶，不仅设计美观，还将瓶子的容量设计为刚好一杯水。瓶子制作成功后，人们交口称赞。可口可乐公司决策者认为其非常适合可口可乐的玻璃瓶包装，最终以 600 万美元的天价买下此专利。自此，采用山姆森玻璃瓶包装的可口可乐销量飞速增长，畅销美国，并迅速风靡世界。

还有很多诸如此类的例子，如 21 岁的杨锐在大二期间由于受到失恋的刺激，意外发现"单身文化"这个商机，创建了"单身派"服装品牌。近半年时间，销售额就达 40 多万元。

很多人能够在日常生活中找到创业灵感，就像杨锐，失恋也能发现好的创业项目。我们的日常生活不缺少创意，缺少的只是发现创意的眼睛。

（二）创意来源于需求

"只要有需要，就会有市场"，每一个创业者都必须明确这样一个概念。创业者可以采取各种正式或非正式的方法了解顾客需求，很多时候顾客可能并不清楚自己的需求，只是希望更方便快捷、更实用，这就是创业者需要努力的方向。企业留住顾客的关键不仅仅是你所提供的产品和服务，还在于你所提供的产品或者服务能否满足顾客的需求，能否让他们满意。

在沃尔玛创业初期，美国已经有很多出色的零售商，零售业市场竞争激烈。但是当时这些零售商目标只集中于大城镇，于是沃尔玛另辟蹊径，挖掘市场空白，将其市场目标定位于小城镇，为小城镇的居民提供服务。正是当时零售业的竞争对手对小城镇的不重视，使得沃尔玛发现小城镇居民的需求，获得大量潜在顾客，从而获得了广阔的发展空间，取得了高额的利润，为其向全州、全国以及全世界的推进奠定了基础。

然而，再大的企业也不可能向所有的人提供所有的产品，再优质的产品、再细致的服务也不可能满足所有顾客的需求，这是任何企业都无法逃避的现实问题。这恰恰就是创业者能够抓住的良机！如果你能弥补竞争对手的缺陷和不足，提供更优质、更便宜的产品和服务，这就是你的机会；如果你能提供别人无法提供的产品功能和更细致、更贴心、更个性化的服务，这就是你的优势、你的蓝海。

（三）创意来源于积累

创意并非无中生有，它需要足够的积累，包括知识的积累和实践的积累，需要较长时间的准备。当然，这其中你可能会犯错误，也可能会走入误区，但是不必担心，失败是成功之母，你可以犯错误，但不能不去探索。

案 例

分 众 传 媒

1994年，读大三的江南春开始创业，成立了一家以创意为主的广告公司，次年，公司以街边灯箱广告项目淘到了第一桶金。1998年，公司收入已超过5000万元，占领上海95%的IT广告代理市场。

然而2001年，互联网经济泡沫的破灭，使得公司的辉煌在一夜之间烟消云散，江南春遇到了人生中第一个重大挫折。他没有气馁，而是结合自己在广告界摸爬滚打的经验，认真分析失败原因后，确定了接下来的目标——进军传媒业。

一个偶然的机会，他在上海徐家汇写字楼等电梯，发现等电梯的人一般都很无聊。电梯门口的招商广告让江南春激动起来，如果把它换成电视广告怎么样呢？

灵感乍现的江南春马上找到写字楼负责人来验证自己的想法，负责人与他一拍即合，决定由该写字楼开始试行电视广告，早8点到晚8点循环播放广告信息。

现如今，江南春创办的分众传媒已经成为中国领先的数字化媒体集团，并于2005年在美国纳斯达克成功上市。

资料来源：人民网——传媒人物——分众传媒首席执行官江南春：诗人CEO

江南春大学期间的兼职经历为其之后的广告创作奠定了基础；多年在广告界的摸爬滚打，使得他熟悉和了解广告行业的运作方式和顾客的需求。楼宇视频广告的创意也正是源于他丰富的工作经验和扎实的基础。

通常情况下，创意的产生是不同来源的结合，结合后的创意更能顺利地得以实施，可操作性更强。正如上面江南春的创意，多年的广告生涯让他拥有稳定的顾客关系，了解顾客的需求，才能意识到需要新的广告商业模式；知识的积累和实践的沉淀让他拥有敏锐的目光，最后才牢牢抓住了楼宇视频广告这个商机。

（四）创意来源于另辟蹊径

当面对已经饱和的红海市场一筹莫展时，不妨试着转换一下思维，掉转方向，将已经存在的旧的元素重新排列组合，产生新的创意，开辟一片属于自己的蓝海。

以前的手机只具有最基本的通话和短信功能，后来有人把照相机的功能加了进去，于是就产生了具有拍照功能的照相手机。再后来有人把MP3、MP4的功能整合到手机中，就出现了具备通话、短信、拍照、MP3、MP4等多种功能的手机。后来又有人把上网技术整合到手机里，这部手机就具备上网、发邮件、玩游戏、看电视、订车票、订酒店等多种功能。于是，手机从一个单纯的打电话工具，变成了集多种功能于一体的通信工具，让追求时尚的年轻人和商务人士趋之若鹜。这就是一种创意思维。

五谷道场准备进入方便面市场时，康师傅、统一等大品牌早已将市场瓜分得所剩无几，它想要分一杯羹可谓难处多多。但是五谷道场另辟蹊径，以"健康生活方式"为品牌精神，坚持以"非油炸=健康+美味"为品牌宗旨，将自己定位为"非油炸、更健康"的方便面，开创了我国非油炸方便面的先河。由于没有竞争对手，所以发展速度非常快，短短6年时间便占据了全国第六的市场位置。

当你发现一块蛋糕，而别人都没有发现时，即使做得再差，也有着别人没有的优势，几乎享有独立自主的定价权，可以自己设定行业标准，利润自然就会滚滚而来。等到别人也发现这块"蛋糕"时，你仍然可以利用技术、价格、口碑以及资源的优势独占鳌头。

三、创意的特点

（一）求异性

求异性在创意的初期表现得最为明显。一般来说，人们对司空见惯的现象和已有的权威结论有着盲从的心理，这种心理使得人们很难有所发现、有所创新。所谓创意，即是打破常规、破旧立新，是在现存事物的理解和认知上衍生出的新的理解和认知。同现存事物相比，创意在形式、内容和本质上都存在不同和差异。

（二）联想性

联想是由某一个人或者某一事物或者某一概念而想到的与之有关的其他相关的人或者事物或者概念，是事物之间联系和关系的反映。联想性可以根据已有的事物或者经验，举一反三，触类旁通。因此，联想性最重要的是寻找到事物之间一一对应的关系。

（三）开拓性

创意贵在创新。它在思路选择、思考技巧及思维结论上都可能存在独到之处，在前人思想的基础上有着新见解、新发现、新突破。因此，在一定范围内创意具有开拓性。

第二节　创业机会

案　例

1994年4月，纽约华尔街上的一个副总裁杰夫·贝佐斯上网浏览时，发现这么一条消息：互联网使用人数每年以2300%的速度在增长。具有远见的贝佐斯看到了网络的潜力和特色，他毅然从金融服务公司D. E. Shaw对冲基金辞职，决定创立一家网上书店。贝佐斯认为书籍是最常见的商品，而且美国书籍市场规模大，十分适合创业。当实体的大型书店提供20万本书时，网络书店能够提供比20万本书更多的选择给读者。

经过大约1年的准备，亚马逊网站于1995年7月正式上线。为了和线下图书巨头

Barnes&Noble、Borders 竞争，贝佐斯把亚马逊定位成"地球上最大的书店"。为实现此目标，亚马逊采取了大规模扩张策略，以巨额亏损换取营业规模。

曾经有一家研究公司这样估计亚马逊：亚马逊公司的销售额将从 1996 年的 0.158 亿美元，增加到 1997 年的 1.317 亿美元，可以增长近 10 倍。这个预测数字在当时可谓是胆大包天，谁也不会想到，实际上，亚马逊 1997 年的销售金额为 1.478 亿美元，到 1998 年更是飞增到 6.1 亿美元，平均年度增长在 320% 以上。

经过两年的努力，亚马逊公司成功上市。在 Barnes&Noble 开展网上购物时，亚马逊已经在图书网络零售商中占据了巨大的优势。经过几次交锋后，亚马逊完全确立了自己地球上最大书店的地位。

贝佐斯认为网络零售的一个很重要的优势是能够提供更为丰富的商品供消费者选择。因此，1998 年，亚马逊的音乐商店正式上线。仅仅一个季度，就使得美国音像业两大巨头 Cdnow 和 N2K 合并，结成联盟。自此，亚马逊成为最大的网上音乐产品零售商。此后，随着产品的扩张，亚马逊在 2000 年将宣传口号改为"最大的网络零售商"。

从 2001 年开始，亚马逊的发展方向定位为打造以顾客为中心的服务型企业。为此，亚马逊逐步推出第三方开放平台、网络服务、Prime 服务、向第三方卖家提供外包物流服务、自助数字出版平台等服务。这些服务的提供，使其逐渐超越网络零售商的范畴，成为一家综合服务提供商。

成功创办一个企业是很多人的梦想。但不幸的是，只有极少数人实现了这一梦想，贝佐斯无疑就是其中的佼佼者。亚马逊家喻户晓的发迹传奇，无疑在激励着无数渴望创业的人。贝佐斯成了新的、未来的、先进的思想和行为方式的象征，成了无数人效仿和追随的偶像，贝佐斯不断地被封予各种各样的荣誉称号。而这一切，对于贝佐斯来说都不重要，重要的是他亲手创出来的公司：亚马逊，在整个电子商务史上应该拥有什么样的地位。贝佐斯最关心历史，他用亚马逊网上书店来敲开历史的大门。他希望成为创造历史的人。

【思考】

1. 亚马逊的成功带给我们哪些启示？
2. 亚马逊的成功有哪些关键性因素？

资料来源：搜狐财经——杰夫·贝佐斯，是最有可能取代比尔·盖茨成世界首富的人？

大多数创业者都以为他们的创意可以创建丰厚利润，但事实并非如此。所有的创意都只是起点，创意产生后必须经过一番认真的过滤和筛选。不是所有的创意都适合创业，不同的创业机会价值不同，同样的机会，不同的人来进行创业，最后的结果也不同。因此，创业者必须透彻地掌握自己选定的项目，确定的目标必须立足长远，走可持续发展的道路。这一节将从创业机会的来源、特征、识别、分类和评价五个方面来对创业机会进行分析，解释相关问题。

一、创业机会的来源

创业机会是创业者可以利用的商业机会，创业者据此可以为顾客提供有价值的产品或服务，并同时使创业者自身获益。归纳起来，创业机会有如下五个来源。

（一）问题

创业的根本目的是满足顾客需求，而没有满足的顾客需求就是问题。寻找创业机会的一个重要途径，就是善于发现和体会自身与他人在需求方面的问题或者在生活之中的难处。例如，上海一位大学生发现处于郊区校区的师生交通十分不便，于是便创办了一家客运公司。这就是把问题转化为创业机会的成功案例。

（二）变化

不断变化的市场环境大多容易产生创业机会，环境变化了，市场需求、市场结构必然发生变化。著名管理大师彼得·德鲁克定义那些能"寻找变化，并积极反应，把它当作机会充分利用起来的人"为创业者。随着产业结构变化、消费结构升级、城市化加速、科技进步、通信革新、政府政策变化、人口思想观念变化、人口结构变化、居民收入水平提高以及全球化趋势加速等现象的出现，大量创业机会蕴藏其中，等待有心之人的发现。如随着居民收入水平的提高，私家车的数量不断攀升，这就派生出汽车销售、修理、配件、清洁、装潢、二手车交易、陪驾、代驾、驾校等诸多创业机会。

（三）创造发明

创造发明提供了新产品、新服务、新技术，能够更好地满足顾客需求，同时也带来了诸多的创业机会。电脑的出现使电脑维修、软件开发、电脑操作的培训、图文制作、信息服务以及网上开店等诸多创业机会随之而来。也就是说，即使自身没有创造发明，也能成为销售和推广新产品、新服务的人，从而带来商机。

（四）竞争

激烈的市场竞争既是一种挑战，也为创业者提供了机会。如果能发现竞争对手存在的问题，并弥补竞争对手的缺陷和不足，那么这将成为创业者的创业机会。观察周围的公司，了解竞争对手的情况，看自身能否更快、更可靠、更便宜地提供产品或服务，能否做得更好。如果可以，你也许就找到了创业机会。

（五）新知识、新技术的产生

例如，随着健康知识的普及和技术的进步，围绕"水"就产生了许多创业机会，上海就有不少创业者加盟"都市清泉"而走上了创业之路。明确了创业机会的主要来源，搜寻创业机会就有了方向，然后可根据自身条件和客观条件，确定创业机会。

二、创业机会的特征

创意并不等于创业机会，有创意固然重要，但并不是每一个好的创意都能够转换成创业机会。如有的创业者认为自己有很好的创意，对创业充满信心，但是最后却失败了。那么，如何判断一个好的创业机会呢？美国创业研究者杰弗里·蒂蒙斯教授提出，好的创业机会有以下四个特征。

（1）它很能吸引顾客。

（2）它能在你的商业环境中行得通。

（3）它必须在机会之窗存在的期间被实施（机会之窗是指商业想法推广到市场上去所花的时间，若竞争者已经有了同样的思想，并已把产品推向市场，那么机会之窗也就关闭了）。

（4）你必须有资源（人、财、物、信息、时间）和技能才能创立业务。

三、创业机会的识别

机会识别是创业过程中的重要环节，是一个识别好的想法，并转化为能够创造价值的概念化的商业过程。识别机会是把握机会的前提，创业机会的正确识别是创业者所需要具备的关键能力之一，是成功创业的关键。创业者想要抓住机会、成功地利用机会，首先就要正确地识别机会。那么，创业机会的识别是怎样进行的呢？是什么影响了创业机会的识别？

（一）创业机会识别的过程

总结前人的研究结果发现，创业机会的识别是由三个阶段构成的：①产生创建新企业的想法，即开始搜索市场信息，这是机会识别的开始；②对于搜索到的信息进行评价，选择具有潜在价值的机会，即创业机会的发现；③通过分析评价，进一步分析机会的可行性，并决定是否展开创业行动。

我们可以将创业机会的识别过程进一步细化，并据此建立一个模型，这一模型主要包括：①准备。准备是指开展机会发现行为之前对于个体看待问题的敏感性的培养，在这一阶段，创业者主要是对自己感兴趣或者擅长的领域内的信息进行搜索，但是这一过程是无意识的机会发现。②孵化。孵化是对于特定问题的一种思考，一些新的基于想象的组合可能会出现。在这一过程中，如果创业者发现某一创意存在潜在价值，那么将进行下一阶段的机会识别。③发现存在的创业机会。这一阶段是将上一阶段中发现的具有潜在价值的创意进行筛选，发现具有潜在价值的创业机会。④评估。通过正式的考察分析，包括对各项财务指标和市场的考察，以及创业团队的构成分析，创业者最终决定创业机会的可行性。这是创业机会识别过程的最终阶段。

（二）创业机会识别的影响因素

下面将从创业者自身和社会资本两个方面对创业机会识别的影响因素进行研究。

1. 创业者自身对创业机会识别的影响

从创业者的特质视角来说，创业者的人格特质（如警觉性、创造力、自信等）和先验知识（如工作经验、教育等），都会对机会识别产生影响。在机会识别的过程中，创业者的警觉性是作为创业活动开展的基础。在创业过程中，创业者的警觉性越高，机会被识别的可能性就越大。同时创业者基于自身所具有的先验知识才有可能发现新信息的价值，进而更容易发现创业机会。对于有经验的创业者来说，他们可以识别更多的创业机会，并且更加有利于利用创新程度高的机会，以及可以进行财富创造的机会。

2. 社会资本对创业机会识别的影响

社会资本对创业者创业机会识别过程具有明显的促进作用。拥有社会资本的创业者拥有丰富的社会资源，能够收集到更多的商业信息。社会资本是从强联系社会资本和弱联系社会资本两个方面来考虑的，强联系社会资本可以增强感情和信任，弱联系社会资本可以获得更多的广泛的市场和消费者信息。因此强、弱联系的社会资本应当交织在一起，扩大创业者的知识流和信息流，扩大创业者的社会资源，这将有利于创业机会的识别。

四、创业机会的分类

目前我们能识别的创业机会大致可以分为以下 14 种。

（一）短缺商机物以稀为贵

物以稀为贵，短缺是经济市场牟利第一动因，一般来说，空气不短缺，但在高原或者在密封空间里，空气也会是商机。一切有用而短缺的东西都可以是商机，如高技术、真情、真品、知识等。

（二）时间商机

远水解不了近渴。在需求表现为时间短缺时，时间就是商机。飞机比火车快，激素虽不治病却能延缓生命，它们都有商机存在。

（三）价格与成本商机

水往低处流，"货"往高价卖。在需求的满足上，能用更低成本满足时，低价替代物的出现也是商机，如国货或国产软件。

（四）方便性商机

江山易改，懒性难移。花钱买个方便，所以"超市"与"小店"并存。手机比电话贵，可实时性好，手机是好商机。

（五）通用需求商机

周而复始，永续不完。人们的生存需求，如吃、穿、住、行每天都在继续，有人的地方，就有这种商机。

（六）价值发现性商机

天生某物必有用。一旦司空见惯的东西出现了新用途定会身价大增，板蓝根能防"非典"，醋能消毒，涨！赚！

（七）中间性商机

螳螂捕蝉，黄雀在后。人们总是急功近利，盯住最终端，不择手段。如挖金矿时，不会计较饮用水的价格，结果黄金没挖着，肥了卖水人。

（八）基础性商机

基础性商机是引起所有商机的商机。对长期的投资者来说，这是非常重要的。如社会制度、基础建设、商业规则等，中国在加入世界贸易组织（World Trade Organization，WTO）之后的 5 年内，重排了一系列商机。

（九）战略商机

战略商机指未来一段时间必然出现的重大商机。20 年前，许多中国人面临战略商机，后来出现了"下岗"和"致富"的天壤之别，"致富"就是后者主动"下岗"，利用了这个商机。

（十）关联性商机

一荣俱荣，一损俱损，关联性商机由需求的互补性、继承性、选择性决定。创业者可以看到地区间、行业间、商品间的关联商机情况。

（十一）系统性商机

系统性商机发源于某一独立价值链上的纵向商机。如电信繁荣，IT 需求旺盛，IT 厂商盈利，众多配套商增加，增值服务商出现，电信消费大众化。

（十二）文化与习惯性商机

文化与习惯性商机是指由生活方式决定的一些商机。例如，各种节日用品、生活与"朝拜"的道具。

（十三）回归性商机

人们的追求，远离过去追随时尚一段时期之后，过去的东西又成为"短缺"物，回归心理必然出现。至于多久回归就看商家的理解了。

（十四）灾难性商机

灾难性商机是指由重大的突发危机事件引起的商机。

五、创业机会的评价

蒂蒙斯教授认为，机会应该具有吸引力、年增长率性和及时性，是具有如下四项特征的构想：对消费者具有吸引力；能够在你的商业环境中实施；能够在现存的机会窗口中执行；你拥有创立企业的资源和技能，或者你知道谁拥有这些资源和技能并且愿意与你共同创业。他提出了 8 个一级指标、53 个二级指标的评价指标体系包括其他理论所涉及的指标体系，是最全面的创业机会评价指标体系，可以作为创业机会评价指标库。蒂蒙斯提出的八大类评估标准是比较全面的，几乎涵盖了其他一些理论所涉及的全部内容。这八大类评估标准包括行业和市场、经济因素、收获条件、竞争优势、管理团队、致命缺陷问题、个人标准以及理想与现实的战略差异。具体见表4-1。

表 4-1　创业机会评价框架

一级指标	二级指标
行业和市场	1. 市场容易识别，可以带来持续收入 2. 顾客可以接受产品或服务，愿意为此付费 3. 产品的附加价值高 4. 产品对市场的影响力高 5. 将要开发的产品生命长久 6. 项目所在行业是新兴行业，竞争不充分，集中度低 7. 市场规模大，销售潜力达到1000万到10亿 8. 市场成长率在30%～50%甚至更高 9. 现有厂商的生产能力几乎完全饱和 10. 在5年内能占据市场的领导地位，达到20%以上 11. 拥有低成本的供货商，具有成本优势
经济因素	1. 达到盈亏平衡点所需要的时间在1.5～2年 2. 盈亏平衡点不会逐渐提高 3. 投资回报率在25%以上 4. 项目对资金的要求不是很大，能够获得融资 5. 销售额的年增长率高于15% 6. 有良好的现金流量，能占到销售额的20%～30%甚至更高 7. 能获得持久的毛利，毛利率要达到40%以上 8. 能获得持久的税后利润，税后利润率要超过10% 9. 资产集中程度低 10. 运营资金不多，需求量是逐渐增加的 11. 研究开发工作对资金的要求不高
收获条件	1. 项目带来的附加价值具有较高的战略意义 2. 存在现有的或可预料的退出方式 3. 资本市场环境有利，可以实现资本的流动
竞争优势	1. 固定成本和可变成本低 2. 对成本、价格和销售的控制较高 3. 已经获得或可以获得对专利所有权的保护 4. 竞争对手尚未觉醒，竞争较弱 5. 拥有专利或具有某种独占性 6. 拥有发展良好的网络关系，容易获得合同 7. 拥有杰出的关键人员和管理团队
管理团队	1. 创业者团队是一个优秀管理者的组合 2. 行业和技术经验达到了本行业内的最高水平 3. 管理团队的正直廉洁程度能达到最高水准 4. 管理团队知道自己缺乏哪方面的知识
致命缺陷问题	不存在任何致命缺陷问题
个人标准	1. 个人目标与创业活动相符合 2. 创业家可以做到在有限的风险下实现成功 3. 创业家能接受薪水减少等损失 4. 创业家渴望进行创业这种生活方式，而不只是为了赚大钱 5. 创业家可以承受适当的风险 6. 创业家在压力下状态依然良好

续表

一级指标	二级指标
理想与现实的 战略差异	1. 理想与现实情况相吻合 2. 管理团队已经是最好的 3. 在顾客服务管理方面有很好的服务理念 4. 所创办的事业顺应时代潮流 5. 所采取的技术具有突破性，不存在许多替代品或竞争对手 6. 具备灵活的适应能力，能快速地进行取舍 7. 始终在寻找新的机会 8. 定价与市场领先者几乎持平 9. 能够获得销售渠道，或已经拥有现成的网络 10. 能够允许失败

第三节　牢牢抓住机会

一、一切都是机会

有这样一则寓言：

在某个小村落，下了一场非常大的雨，洪水开始淹没全村。一位虔诚的神父在教堂里祈祷，眼看洪水已经淹到他跪着的膝盖了。

一个救生员驾着舢板来到教堂，跟神父说："神父，赶快上来吧！不然洪水会把你淹死的！"神父说："不，我要守住我的教堂！我深信上帝会来救我的，我是上帝最虔诚的信徒，你先去救别人好了。"

过了不久，洪水已经淹过神父的胸口了，神父只好勉强站在祭坛上。

这时，又有一个警察开着快艇过来，跟神父说："神父，快上来，不然你真的会被淹死的！"神父说："不，我要守住我的教堂，我相信上帝一定会来救我的，我是上帝最忠实的仆人，你还是先去救别人好了。"

又过了一会儿，洪水已经把整个教堂淹没了，神父只能紧紧抓住教堂顶端的十字架。

一架直升机缓缓地飞过来，飞行员丢下了绳梯之后大叫："神父，快上来，这是最后的机会了，我们可不愿意见到你被洪水淹死！！"神父还是意志坚定地说："不，我要守住我的教堂！上帝一定会来救我的，我是上帝最仁孝的儿子，你还是先去救别人好了，上帝会与我共在的！！"

最后，洪水滚滚而来，固执的神父被淹死了……

神父上了天堂，见到上帝后很委屈地质问："主啊，我终生奉献自己，战战兢兢地侍奉您，我遵照您的旨意办事，从不敢懈怠自己的职责，为什么在我遇到危险时，您不肯救我？"

上帝看着他："我怎么会不肯救你呢，我的孩子？第一次，我派了舢板去救你，你不要；第二次，我又派一只快艇去，你还是不要；第三次，我以国宾的礼仪待你，再派一架直升机去救你，结果你还是不愿意接受。所以，我以为你急着想要回到我的身边，来好好陪我。"

　　像寓言中的"舢板""快艇""直升机"一样，不管是在我们的人生道路上，还是在创业历程中，机会总是以各种方式降临到我们面前，就看你是如何对它的。在机遇降临时，很多人并不自知，总以为真正的机遇还未到来，让眼前的机会从身边白白溜走。所以，要想创业成功，你必须树立这样一个坚定信念——一切都是我的机会！

　　一旦机遇来临，成功的创业者总是会积极地迎接，大胆地尝试，全身心地去开拓、去完善；在多数人还不认可的时候他们已经付出了辛勤的汗水和心血，甚至是在多数人鄙夷的眼光里收获财富、迎来辉煌的事业。

　　牛仔大王李维斯的西部发迹史中曾有这样一段传奇：

　　当年他想去西部淘金，在临行前他去向本村的一个老者讨教取得成功的秘诀。

　　老者告诉他，不要畏惧任何困难，因为"困难"就意味着"机会"，并传授了一个"思考制胜"的法宝。然后李维斯就出发了。

　　一日，一条大河挡住了他西行的路。苦等数日，被阻隔的行人越来越多，但都无法过河。于是陆续有人向上游、下游绕道而行，也有人打道回府，更多的则是怨声一片。而心情慢慢平静下来的李维斯想起了老者传授给他的那个"思考制胜"的法宝，是一段话："太棒了，这样的事情竟然发生在我的身上，又给了我一个成长的机会。凡事的发生必有其因果，必有助于我。"他看着大河，真的有了一个绝妙的创业主意——摆渡。没有人吝啬一点小钱坐他的渡船过河，迅速地，他人生的第一笔财富居然因大河挡道而获得。

　　一段时间后，摆渡生意开始变得清淡。他决定放弃，并继续前往西部淘金。来到西部，发现到处都是人，他找到一块合适的空地方，买了工具便开始淘金。没过多久，有几个恶汉围住他，叫他滚开，别侵犯他们的地盘。他刚理论几句，那伙人便失去耐心，一顿拳打脚踢。无奈之下，他只好灰溜溜地离开。

　　好容易找到另一处合适的地方，但没多久他又被人轰了出来。他刚到西部那段时间，多次被欺侮。终于，又一次被打之后，看着那些人扬长而去的背影，他想起他的"思考制胜"法宝："太棒了，这样的事情竟然发生在我的身上，又给了我一个成长的机会。凡事的发生必有其因果，必有助于我。"他真切地、兴奋地反复对自己说着，终于，他又想出了另一个绝妙的主意——卖水。

　　西部不缺黄金，但似乎自己无力与人争雄；西部缺水，可似乎没什么人能想到这一点。不久他卖水的生意便红红火火。慢慢地，也有人参与了他的新行业，再后来，同行已越来越多。终于有一天，在他旁边卖水的一个壮汉对他发出通牒："小个子，以后你别来卖水了，从明天早上开始，这儿卖水的地盘归我了。"他以为那人是在开玩笑，第二天依然来了，没想到那家伙立即走上来，不由分说，便对他一顿暴打，最后还将他的水车打坏。李维斯不得不再次无奈地接受现实。然而当这家伙扬长而去时，他立即调整自己的心态，再次强行让自己兴奋起来，不断对自己说着："太棒了，这样的事情竟然发生在我的身上，又给了我一个成长的机会。凡事的发生必有其因果，必有助于我。"他开始调整自己注意的焦点。他发现来西部淘金的人，裤子极易磨破，同时又发现西部到处都有废弃的帐篷，于是他又有了一个绝妙的好主意——把那些废弃的帐篷收集起来，洗洗干净，可以做成裤子。就这样，他缝成了世界上第一条牛仔裤！

　　从此，他一发不可收拾，产业越做越大，他所创办的公司一举成为世界上最有影响的企业。

如果李维斯没有前往西部淘金，如果在他临行前没有听取"思考制胜"的法宝，如果在他被大河挡住的时候打了退堂鼓，如果他在淘金受阻的时候没有选择换一种行业，如果他在卖水受欺辱时没有改变自己注意的焦点……如果这些如果没有变成现实，那么李维斯也就不会成为后来的牛仔大王了。

创业的机遇也是这样，你苦苦追求、苦苦探索，甚至处心积虑、用尽心机，也未见得就能取得成功。成功的机会就隐藏在那些看似偶然的必然之中。要抓住这些机会，就要善于捕捉这些偶然，进而获取成功。这就要求你在平日里必须有所准备、有所思考，不要期望天上平白无故地掉下馅饼，不要做守株待兔的农夫，更不要像寓言中的那位固执的神父一样自以为是，一次一次地将机会放弃，而是要相信一切都是机会，有时小机会也能成就大事业！

二、中国市场中隐藏的十六大创业商机

在欧美发达国家，许多行业的市场份额都已经被大的企业所占领，但在中国市场，很多行业领域目前尚处于一个"跑马圈地"的时代，大家都在同一起跑线上，创业没有太大的实力差距。所以，目前留给创业者的商机还是非常多的，但它只属于那些善于发现和捕捉机会的人。

（一）高新科技产业

高新科技产业通常是指那些以高新技术为基础，从事一种或多种高新技术及其产品的研究、开发、生产和技术服务的企业集合。这种产业所拥有的关键技术往往开发难度很大，而一旦开发成功，却具有高于一般领域的经济效益和社会效益。

如今，随着科技的发展，高新技术产业日益成为经济发展的支柱。它是新型工业化的领跑人、现代农业的火车头、现代服务业的大市场。高新技术产业具有丰富的内涵和广阔的发展前景，因此必然商机无限。

（二）特许加盟

"共享品牌金矿，共享经营诀窍，共享资源支持"，特许加盟凭借诸多的优势越来越成为备受广大创业者青睐的创业模式。

特许加盟就好比"借鸡生蛋"，创业者只要投入适当的加盟费，就可以得到成熟企业的管理体系、品牌优势、社会资源、市场资源等，还能长期得到专业指导和配套服务，不必"摸着石头过河"，这比起自己去独创事业，无论是在时间、资金上还是在压力上都减轻了不少。对于完全没有创业经验的人来说，只要按照流程执行，就可以在较短的时间内入行，还能有效帮助创业者规避风险，提高创业成功概率，是一种适合所有创业者的创业模式。而且特许加盟的项目大多与老百姓的衣、食、住、行息息相关，因而，在今后相当长的一段时间内，特许加盟仍然具有十分巨大的成长和发展空间，潜藏着无限的商机。

（三）新媒体

新媒体是相对于电视、广播、报纸、杂志等传统媒体而言的，是在新的技术支撑体系下出现的新的媒体形态，包括数字杂志、数字报纸、数字广播、手机报、移动电视、

网络、桌面视窗、数字电视、数字电影、触摸媒体等，也被形象地称为"第五媒体"。

如今，虽然新媒体还没有形成完全统一的科学定义，而且在短期内也无法完全取代传统媒体成为主流，其运营规则和盈利模式还处在不断创新和发展中，但是，如分众传媒的楼宇广告、中国移动和中国联通推出的手机报、北广传媒的移动电视等，都创造了新的商业奇迹。

新媒体必将在未来开辟和细分出更多的市场空间，这一行业未来的发展和上升空间是极为巨大的。只要你善于发现，勇于创新和开拓，一定会从中缔造出自己的黄金领域。

（四）休闲娱乐

随着全国人民生活水平的提高，休闲娱乐已经成为大众生活中不可或缺的一部分，这是一个相当庞大的领域。但目前，该领域还远远没有达到顶峰，所以在未来，这一领域将会有大量的商机存在。

（五）精致服务

如今，人们早已经不再仅仅满足于"吃得饱、穿得暖"的状态，而开始追求精致化、个性化、品质化、品位化的高端生活。因为在现代社会中人们享受的往往是过程，所以提升服务品质，用心为顾客提供更加精致化、品位化的服务，甚至让自己的服务不仅能满足顾客需求，而且能够超出顾客的期望，必将获得更多的认可和信任。加上目前有太多的服务行业有待推动、太多的服务产业还有待开发，因而在服务行业中，仍然蕴藏着巨大的商机。

（六）医疗保健

得益于中国巨大和多样化的医疗需求市场，医疗保健行业将会随着政策的变化、市场需求导向、产业转型以及研发创新等背后力量的推动，体现出巨大商业价值，特别是创新药物、医疗器械、医疗服务等新兴领域将获得更好、更大的发展机遇。

但是，目前在国内，这座金矿还没有被充分挖掘出来。随着政策的逐步开放，各路资本蜂拥而上，一旦民营资本能顺利介入其中，必然会以其服务上的优越性和可靠性赢得市场、创造价值。医疗行业是一个衍生性很强的行业，如医疗与饮食、医疗与康体健身相结合等，势必会成为中国未来需求最大、发展最快的产业之一。

（七）教育培训

随着工作竞争压力越来越大，高校人才培养体系与社会需求脱节问题的日益严峻，作为学校教育（体制内教育）的衍生和补充的教育培训（体制外教育）行业，越来越受到人们的关注和重视。而且现在的教育培训围绕校内和校外同时展开，两者之间的界限也越来越模糊，逐渐走向多极化、竞争化，因此这是一块非常巨大而拥有无限潜能的利基市场。

但是，中国的教育培训业尚处于起步阶段，虽然教育培训机构已有近万家，但资金规模超过 10 亿元的屈指可数。而且在语言培训、职业培训、管理培训、教辅培训、亲子教育等几大主流类别中，除了新东方在语言培训领域一家独大外，其他领域迄今还没有任何一家培训机构可以"独领风骚"。因此，教育培训业仍是一座尚待开发的"富矿"，具有极大的发展空间和无限的前景。

（八）民族习俗

民族的就是世界的，传统的就是经典的。随着民族文化、传统文化的不断回归和人们对其重视程度的逐步提升，特别是 2008 年北京奥运会开幕式上所展现的击缶、书法、活字印刷术、山水画、太极拳等令世人惊叹的中华传统文化元素，让中华文化、中国概念成为全世界关注的焦点。国际市场对具有中国文化元素的产品的兴趣日益浓厚，这为我国的文化产品顺利进入国际市场创造了非常有利的条件，创造了难得的机遇，也掀起了一股弘扬民族文化、传统习俗的热潮。

随着这股热潮的不断加温和升级，与其配套、结合的如民俗文化、婚俗文化、特色民族旅游等行业更是风生水起。再加上中华民族习俗的多样性、独特性，本身就是非常独特的资源，拥有十足的魅力，其中所蕴含的商机非常巨大。

（九）能源环保

随着世界各国对低碳生活的呼吁，能源环保越发引起世人的重视。而中国作为仅次于美国的世界第二大能源消费国，在努力增加能源供应量的同时，实现可持续发展的唯一选择就是提高能源使用效率，改善能源消费方式，发展清洁能源技术。因此新能源及节能环保产业必将成为未来社会发展的一个大趋势，除此之外，还将带动冶金、建材、电器、机械等多个行业的发展，这其中所蕴含的商业价值是不可估量的。

（十）汽车配套

汽车是一种拥有高附加价值的载体，随着中国汽车消费的快速增长，与之相关的汽车配套行业也开始大幅发展，平安符、香味剂、靠垫、定位导航仪、车载音响、音像制品、车载冰箱、车载电视、售后维修、汽车装饰、汽车护理等配套市场越来越受到人们的关注，并呈现出十分强劲的发展势头，而且随着市场需求量越来越大，有车一族在此方面的投入还将不断加大，如"汽车发烧碟"如今已占据了所有音像制品销售额的半壁江山。

此外，另一个十分巨大的市场就是汽车饰品。例如，一部价值 1000 元的手机，我们至少会为其配置不少于 10 元的相关产品，那么在一台价值 20 万元的汽车上，我们为其配置的附加品的价值就可想而知了。再有就是汽车保养，几乎所有 "有车一族"都对自己的车十分珍惜和爱护，不惜投入大量资金，因此与之相关的汽车体检、汽车保养、汽车美容行业更是水涨船高。由此可见，这一行业的发展前景不可小觑。

（十一）乐活生活

"乐活"是一种新的环保生活理念，强调的是贴近生活本原的，自然、健康、精致、永续的生活态度和生活方式，而接受这种生活方式的人也被称为乐活族。

而今随着乐活族群体的不断扩大，"乐活"已由单纯个人化的生活方式、生活理念，逐渐发展成为最受欢迎的产品设计与推广思路，这将会形成一个庞大的市场，创造出一个又一个受人瞩目的商业模式，其中包括持续经济（再生能源）、健康生活形态（有机食品、健康食品等）、另类疗法、个人成长（如瑜伽、健身、心灵成长等）和生态生活（二手用品、环保家具、生态旅游等）。值得一提的是，在未来，它很有可能变成人们的一种信仰，从而引领未来的生活潮流。

因此，我们应该认识到，一种新生活方式的产生，必然会带动起大批相关产业的发展和兴旺，所以在这个时候一定要抓住机遇，切不可逆势而为。

（十二）资源整合

资源整合现在已经成为众商家所关注的议题，但是其正规化、产业化的道路才刚刚开始，这样一个新兴的行业必然会蕴藏无限商机。从目前的状况来看，资源整合这一产业会一直发展下去，似乎根本没有终点，所以这个商机不可不察。

（十三）国际交流

这个产业包括国际交流和民间交换平台，在未来其蕴藏的产值空间将会十分巨大。自中国走向改革开放的那一刻起，中国就真正地向世界敞开了怀抱，与外界的联系越来越多，经济也在与各国的交流中得到了极大的发展。有人曾这样说："任何国际交流都会创造更大的价值，联络整合资源，同样可以获得更多的收入。"

（十四）农地流转

当前，农业领域的投资机会主要存在于与规模化经营的大农业相关的领域及农村消费市场。如果能够依靠资金力量在农地流转过程中获得土地，对农村土地进行变革，从而推动城市化的进程，并促成产业化经营或者创新农业，其效率和回报率都将得到巨大提升。

由此可见，农地流转未来的发展趋势必将势不可当，它可以促进中国农业更有效率地生产，农地的利用效率也会随之加大。农地改变了用途，不仅可以创造更大的价值，还可以在一定程度上缩小中国的贫富差距。

可见，投资农村门槛低、风险低、技术壁垒低、政策支持力度大、回报率高，具有巨大的市场发展空间。

（十五）文化产业

随着经济的发展，动漫、电影、电视等文化产业均实现了快速增长，其发展速度甚至超越了其他产业。同时，国家对文化市场进一步开放，新闻出版业即将向民营资本开放，这其中蕴藏着十分巨大的商机。

（十六）创意产业

创意产业是在全球化条件下，以进入小康时代人们的精神文化娱乐消费需求为基础，以高科技手段为支撑，以网络等最新传播方式为主导，以文化艺术与经济科技的全面结合为自身特征的跨行业、跨部门、跨领域重组或创建的新型产业。它是一个以创意创新为核心，以知识资本运作为手段，统摄生产、传播、流通、消费等产业发展全过程的复合概念，是向大众提供文化、艺术、精神、心理、娱乐产品的新兴产业集群。

作为一种"无污染、微能耗、高就业"的产业，创意产业目前在我国正处于快速上升期。近年来，以软件、动漫等为代表的创意产业发展迅猛，上海、深圳、北京等城市积极推动创意产业的发展，正在建立一批具有开创意义的创意产业基地。可见，创意产业的发展前景不可限量。

无论你所选择的投资方向是什么，都要善于聆听形势，聆听市场，发现其中暗藏的商机，从而寻找到适合自己的创业项目。

第五章 创业计划

闪光的梦想和现实的计划

约瑟夫·威尔逊有着 13 年的从事科技发明的经验，是医疗安全技术公司的创建者和产品的主要发明者。在生物安全市场上，威尔逊发现了一个未被发掘的市场机会。他认识到人们对艾滋病的恐惧心理越来越严重，又了解到越来越多的有毒废物不断拍打海岸，导致东海岸的许多海滩被迫关闭，安全处置这些废物对医学专家来说成为急需解决的重要问题，威尔逊决定寻找一个解决方法。

1990 年，威尔逊设计了一个立式的、重 150 磅的废物粉碎器，它可以用来粉碎和洁净受污染的针、注射器、玻璃器皿、试管、小药水瓶、标本和绷带等。这个机器大小如洗碗机，零售价预计为 4000 美元。

威尔逊是一个能设计并制造新产品的工程师，但却没有太多的经营经验，因此在企业运营的计划和管理上需要支持。他决定让一些有经营经验的人来对公司及其市场机会进行评估，然后一起规划公司将来的发展方向。

威尔逊请大卫·海伯利来协助撰写企业发展计划及其运营计划。威尔逊和海伯利花了几个月的时间准备这个能为企业提供发展方向的创业经营计划，以及如何完成这个创业经营计划的具体运营计划。这个创业经营计划最终成为保证这家风险企业获得足够的资本来制造新产品的重要因素。

威尔逊创建的 Ecomed 公司于 1990 年成立，其资金来源为 45 000 美元的银行贷款、7000 美元的个人存款以及 255 000 美元的种子基金。其中种子基金来源于一个 12 人的投资团体。这些资金主要用来建造 9 个原型设备、取得专利、支持市场营销、促销以及支付薪酬。

1992 年，公司生产了 567 台机器，销售收入达 140 万美元，但仍然损失 25 万美元。尽管这在创业经营计划中已经预计到，但显然公司需要更多的资源去开拓更大的潜在市场。

1993 年，Ecmoed 公司与 Steris 公司共同开发一个新产品，把 Ecmoed 公司专有的碾碎技术与 Steris 公司的抗微生物化学技术结合起来。通过两家公司的合资，它们开发出了被称为 Ecocyclc10 的新产品。

这个新产品可以使废物不仅被粉碎，而且其产生的物质无害。与此相关的新计划使得 Steris 公司能够独占北美分销渠道并获得了规定的注册权。

1995 年，这个产品获得了 EPA（环境保护局）的批准并被准许在 40 个州销售。

【思考】

1. 你是如何理解上述案例故事的？

2. 你认为威尔逊创业成功得益于哪些主要因素？

3. 如果你是威尔逊，在创业过程中，你会制订什么样的创业计划？

4. 从威尔逊的例子中，你认为创业经营计划的意义何在？

资料来源：王晓德. 梦想与现实——威尔逊"理想主义"外交研究. 中国社会科学出版社，1995 年

"凡事预则立，不预则废"，做任何事情只有预先计划才能成功，创业尤其如此。创业首先需要有明确的创业计划，因为创业计划将给创业者指定创业方向，使之坚定不移地沿着既定的方向努力开拓、进取。在确定创业计划之前，需要对创业的环境进行战略分析，以期做到"知己、知彼、知天、知地"，综合各方面因素，制订出切实可行的创业计划。

第一节　什么是创业计划

创业计划又可以称作商业计划，是对构建一个企业的基本思想以及与企业创建有关的各种事项进行安排的总体文件。它从企业市场营销、财务、生产、人力资源等方面对即将创建的企业进行可行性分析。几乎所有关于创业的教科书都在强调创业经营计划是如何的重要。确实，详细的创业经营计划是创业者把握企业发展的风向标，并且可以随时据此评估经营过程中任务完成的情况。而对于想要募集资金的创业者来说，一份完善的、具有强烈说服力的创业计划书更是必不可少，它是创业者叩响投资者大门的"敲门砖"，往往会使创业者达到事半功倍的效果。所以，作为实现创业者创意和远景的路线图，创业计划是整个创业过程的灵魂，其作用可以说是生死攸关的，创业者在制订它时一定要谨记"三思而后行"。

在美国，最初的创业计划书是作为一种吸引私人投资和风险投资的"商业包装"。在今天的美国，商业计划书几乎成了每一个公司实际运作的首要必备文件。

在我国，大学生创业往往凭借创业计划书赢得投资人的注意，所以说，一个好的创业计划书对于大学生创业者来说非常重要，它是大学生创业者起步的通行证。1999 年以来，共青团中央委员会、中华人民共和国国家科学技术委员会、中华人民共和国教育部和中华全国学生联合会开始在全国高校举办"挑战杯"中国大学生创业计划竞赛。其中，许多优秀大学生的创业计划赢得了风险投资家的关注，并创业成功。

在制订创业计划书的过程中，创业者必须思考和分析创业企业在创建与运行初期的各个方面，并准备有效的策略去应对可能会出现的不确定性。从某种意义上说，一个好的创业计划书能够帮助创业者避免或减少今后企业在运作中的失败。

第二节　为什么创业需要计划

新创企业的危险性往往很高，面临两大劣势：①规模劣势。新创企业通常不具备成熟公司所拥有的资金、人员和技术，抵御国际化挑战和风险的能力较弱。②新企业劣势（liability of newness）。由于成立时间不长，新企业对顾客、供应商、政府等外部利益相

关者的影响力通常比较有限，从而会制约它们的发展速度和生存能力。上述两种劣势都会增加新创企业的失败风险，而两种劣势的综合作用将进一步扩大这种风险。如何预知创业成败的影响，进而事先加以有效规划与控制，来提升创业成功的概率呢？

我们注意到，创业家通常通过制订创业计划书来描绘和表达通往成功的途径。创业计划书能够清晰地表述创业思想，并一贯地向他人交流商业计划。大多数创业家常常在企业形成时利用集群企业的益处和履行社会责任带来的好处来帮助企业走向成功。

创办一个新企业需经历以下五个步骤。

（1）辨识和审视创业机遇。规划创业愿景和理念表述，组建初始的核心创业团队，描述价值定位和商业模式的初步思想。

（2）精练创业理念，并决定可行性，准备创业任务描述；对创业思想进行研究，并准备一系列分析方案；初步制订创业计划书及执行摘要的轮廓。

（3）制订一份完整的创业计划书，其中包括财务计划及适合于企业的法律组织。

（4）决定创业所需的资金、设备及人力资源的数量，确定创业的财务模式并确定必需的资源，制订资源获取计划。

（5）确保能够从投资者那里获得必需的资源和能力，以及引进新的人才和寻找合作伙伴。

开创新企业将遵循此步骤制订相应的商业计划，这份创业计划不仅适用于创业团队，而且对投资者和商业合作伙伴也是适用的。这个过程具有广泛的适用性，适用于所有类型的创业：独立型或合作型，小型或大型，专业型或广泛型，家庭型或特许经营型，营利型或非营利型，试图根本性革新型和渐进革新型。

第三节　创业计划的内容

创业计划是创业者计划创立的业务的书面摘要。它用以描述与拟创办企业相关的内外部环境条件和要素特点，为业务的发展提供指示图和衡量业务进展情况的标准。创业团队一旦找到合适可行的创业机遇，就需要制订描述创业的蓝图——创业计划。创业计划可以用于很多方面，如为创业吸引人才和资源。当然，组织和撰写创业计划的方法并不唯一。创业计划是一种正式的文档，描述了创业机遇、企业产品、创业环境、发展策略、创业团队、资源需求、经济回报及成功企业的收获等方面。

通常创业计划是市场营销、财务、生产、人力资源等职能计划的综合。写好创业计划需要思考的问题：①关注产品；②敢于竞争；③了解市场；④表明行动的方针；⑤展示你的管理队伍；⑥勾画出清晰的商业模式；⑦出色的计划摘要。

一、创业计划的类型

在编写过程中，创业者应该根据具体案例调整结构，增删要素和议题，采用灵活多样的形式使创业计划更为有效。以创业计划的结构和篇幅来划分，可以将创业计划分成以下两类。

（一）略式创业计划（概括式）

略式企业创业计划是一种比较简明、短小的计划，它包括企业的重要信息、发展方向，以及少部分重要的辅助性材料。略式创业计划内容通常有 10～15 页。一般来讲，略式创业计划主要适用于以下四种情况。

（1）申请银行贷款。

（2）创业者享有盛名。

（3）试探投资商的兴趣。

（4）竞争激烈、时间紧迫。

（二）详式创业计划

详式创业计划内容一般有 30～40 页，并附有 10～20 页的辅助文件。在这样的计划中创业者能够对整个创业思想做一个比较全面的阐述，并且能够对计划中关键部分进行较详细的论述。详式创业计划有下列几种用途。

（1）详细探索和解释企业的关键问题。

（2）寻求大额的风险投资。

二、创业计划的主要特征

创业计划的编制是一个创造性的过程。由于创业者的创业思路、创业方式以及创业所涉及领域的不同，创业计划本身也表现出各自的独特性，这不仅表现在计划所包括的内容上，更表现在两者的结构以及侧重点的差异上。但是，作为创业计划尤其是比较成功的创业计划还是有很多共同点的，我们将其归纳成为以下六个方面。

（一）循序渐进

创业计划的编写一般要经过多个阶段并在每个阶段进行多次修改。先在掌握了充分资料的基础上编制创业计划概要；再加入新的议题或新的内容形成创业计划初稿；然后进一步地修改、完善并加入一些新的议题和新的发现，形成最终的创业计划。这是一个循序渐进的过程。

（二）一目了然

创业计划应该重点突出读者所关心的议题，对关键的问题进行阐述，成功的创业计划给读者的印象往往是意义表达明确，文章脉络清晰。

（三）令人信服

创业计划在内容表达方面应注意运用比较中性的语言，保持客观的调子，力求对计划中所涉及的内容进行不加主观倾向性的评论。尤其不能使用警告性的语言，更不能进行过多的自我批评，应给读者留出评判的主动性。

（四）通俗易懂

在创业计划的编写过程中，应该避免对技术或工艺过于专业化的描述或过于复杂的分析；而应力求简单明了，深入浅出，对必须引用的专业术语及特殊概念在附录中给予必要的解释和说明。

（五）风格统一

创业计划的编写一般是由多人协作完成的，那么，最后应由一人统一修订成文，力求风格统一。同时，对创业计划中引用的数据的来源给予明确的记录，并统一标明出处。

（六）严谨周密

创业计划是以客观表述拟创企业状况为宗旨的，因此格式必须严谨统一。创业计划没有统一的模式，但必须有自己完整的格式。只有这样才能相对完整地陈述必要的内容，也使计划本身更具有说服力，并体现出专业素质。在计划的编写过程中应注意避免形式随意、结构松散、主题不明、格式混乱等现象的发生。

三、创业计划编写步骤

准备创业计划是一个展望项目的未来前景、细致探索其中的合理思路、确认实施项目所需的各种必要资源并寻求所需支持的过程。

需要注意的是，并非任何创业计划都要面面俱到。创业内容不同，创业计划之间差异也就很大。创业计划编写需经历以下阶段。

第一阶段：经验学习。

第二阶段：创业构思。

第三阶段：市场调研。

第四阶段：计划起草。

写好全文，加上封面，将整个创业要点抽出来写成提要，然后按下面的顺序将全套创业计划排列起来。

（1）市场机遇与谋略。

（2）经营管理。

（3）经营团队。

（4）财务预算。

（5）其他与听众有直接关系的：信息和材料，如企业创始人、潜在投资人，甚至家庭成员。

第五阶段：最后修饰阶段。

首先，根据你的报告，把最主要的东西做成一个1~2页的摘要，放在前面。其次，检查一下，千万不要有错别字之类的错误，否则别人对你做事的严谨性会产生怀疑。最后，设计一个漂亮的封面，编写目录与页码，然后打印、装订成册。

第六阶段：检查。

可以从以下几个方面对创业计划加以检查。

（1）是否显示出你具有管理公司的经验。

（2）是否显示了你有能力偿还借款。

（3）是否显示出你已进行过完整的市场分析。

（4）是否容易被投资者所领会。创业计划应该备有索引和目录，以便投资者较容易地查阅各个章节，还应保证目录中的信息是有逻辑的和现实的。

（5）是否有计划摘要并放在了最前面。计划摘要相当于公司创业计划的封面，投资者首先会看它。为了保持投资者的兴趣，计划摘要应写得引人入胜。

（6）是否在文法上全部正确。

（7）能否打消投资者对产品（服务）的疑虑。

总之，创业计划必须具有可操作性（如何保证成功）、可营利性（能否带来预期的回报）和可持续性（我们能生存多久）。

另外，创业计划应该关注六大重点：项目的独特优势，市场机会与切入点分析，问题及其对策，投入、产出与盈利预测，如何保持可持续发展的竞争战略，风险应变策略。

确立创业目标应考虑的因素，可使用 6M 方法。

商品（merchandise）：所要卖的商品与服务最重要的那些利益是什么？

市场（markets）：要影响的人们是谁？

动机（motives）：他们为何要买，或者为何不买？

信息（messages）：所传达的主要想法、信息与态度是什么？

媒介（media）：怎样才能传达到这些潜在顾客？

测定（measurements）：以什么准则测定所传达的成果和所要达成的目标？

第四节　创业计划的编写

一般来说，在创业计划中应该包括封面、计划摘要、企业概况、行业分析、产品（服务）介绍、市场营销计划、管理组织计划、财务计划、风险分析。具体内容如下。

一、封面

封面的设计要有审美观和艺术性，一个好的封面会使读者产生最初的好感，形成良好的第一印象。

二、计划摘要

计划摘要浓缩了创业计划的精华。计划摘要涵盖计划的要点，应力求一目了然，以便读者能在最短的时间内评审计划并做出判断。

计划摘要一般包括以下内容：公司介绍、管理者及其组织、主要产品和业务范围、市场概貌、营销策略、销售计划、生产管理计划、财务计划、资金需求状况等。计划摘要尽量简明、生动。特别要说明自身企业的不同之处以及企业获取成功的市场因素。

三、企业概况

这部分的目的不是描述整个计划，也不是提供另外一个摘要，而是对你的公司做出介绍，因而重点是你的公司理念和如何制订公司的战略目标。

企业概况是创业企业或创业者拟定企业总体情况的介绍。明确阐述创业背景和发展的立足点，是任何领域的创业计划都不可缺少的关键要素，因此企业概要的主要内容应该包括企业定位、企业战略以及企业的制胜因素等。

企业定位是指创业企业的行业选择、业务范围以及经营思路的确定，是创业企业的现实状况的必要说明，也是计划书其他部分的基础。

企业战略是企业生产、销售策略的总体格调。创业者应该对如何成功地经营创业企业并使之与众不同有一个指导性的原则。

在编写企业概况过程中应回答以下问题。

（1）企业的主要业务是什么？是从事贸易、制造还是服务？所提供的产品和服务是什么？主要顾客是谁？所从事的产业在产品生命周期中的哪一阶段？

（2）企业的形式是什么？独资、合伙、公司？公司的所有制形式是什么？

（3）企业的目标是什么？长期目标、中期目标和下一步的措施是什么？

（4）企业的背景是什么？

（5）企业的关键成功因素是什么？

（6）企业将用什么战略达到这些目标？低成本，标新立异，还是专业化？

（7）企业的股权结构如何？

四、行业分析

在行业分析中，应该正确评价所选行业的基本特点、竞争状况以及未来的发展趋势等内容。

关于行业分析的典型问题：①该行业发展程度如何？现在的发展动态如何？②创新和技术进步在该行业中扮演着一个怎样的角色？③该行业的总销售额有多少？总收入为多少？发展趋势怎样？④价格趋向如何？⑤经济发展对该行业的影响程度如何？政府是如何影响该行业的？⑥是什么因素决定着它的发展？⑦竞争的本质是什么？你将采取什么样的战略？⑧进入该行业的障碍是什么？你将如何克服？该行业典型的回报率有多少？

五、产品（服务）介绍

产品（服务）介绍应包括以下内容：产品的概念、性能及特性，主要产品介绍，产品的市场竞争力，产品的研究和开发过程，发展新产品的计划和成本分析，产品的市场前景预测，产品的品牌和专利等。

在产品（服务）介绍部分，企业创业者要对产品（服务）做出详细的说明，说明要准确，也要通俗易懂，使不是专业人员的投资者也能明白。一般说来，产品介绍都要附上产品原型、照片或其他介绍。

六、市场营销计划

市场与竞争是每一个企业都面临的问题。一个企业要生存与发展就必须解决好这些问题。因此在创业计划中一定要对该问题进行明确的阐述。市场问题是确定顾客并设法赢得顾客的过程，销售和促销是实施市场营销计划所必需的。当确定了顾客并已经确定了用什么样的方式赢得他们，则用销售和促销的方式来具体实施。

（一）市场与竞争

市场与竞争的内容分以下几部分。

1. 企业所处行业分析

（1）企业所处行业概述。在创业计划中，应该就企业所处行业的全貌以及企业产品在行业中的需求变化情况进行描述。企业所处行业及企业在行业中的地位对于读者来说是相当重要的信息，读者可以从中判断出企业的未来发展。

（2）对行业发展方向的预测。创业计划除了让读者对创业企业所处的行业情况有一个明确的了解外，对行业的发展方向也应有一个明确的了解，从而使其较为全面地掌握企业所处的环境信息。可以引用权威机构或权威人士对行业发展趋势的预测。

（3）对驱动因素的分析。在创业计划中对本行业的发展有一个比较清晰的介绍之后，还应该从更广泛的角度，也就是从国内、国际大趋势的背景下考虑影响行业发展的因素及作用的大小。一般来讲，应该考虑到以下几个方面的因素：经济、政府政策、文化和社会价值观、生活方式的变化趋势以及技术进步、工艺提高等。

2. 市场及竞争分析

企业要在市场中取得有利地位，就必须对市场及需求有敏锐的了解。对于市场营销战略来讲，市场细分和市场定位是根本性的大事。

（1）对市场进行细分。所谓市场细分就是把潜在的顾客按某种特点加以分类。进行市场细分的根据可以是地理、人口、顾客的经历与偏好等，创业计划应该就这些问题进行明确的介绍和必要的分析，然后在市场细分的基础上一一介绍企业的市场定位。

（2）预测目标市场前景。结合具体的企业营销战略和竞争情况对竞争进行分析，综合预测市场的前景。

（3）竞争环境分析。在创业计划的编制过程中，应该充分分析来自各个方面的竞争。包括直接的或来自本地区的竞争、行业竞争、间接竞争等，以便让读者通过创业计划了解到市场竞争的全貌。在现代经济社会，一个企业所面对的竞争是全方位的，因此在描述竞争的时候，应该从分析主要竞争对手开始。如谁是企业所面临的主要竞争对手，他们采用怎样的销售策略，他们在市场中心有多少份额，等等。对上述情况分析，可以同本企业进行对比，从而发现自身的竞争优势。

编写市场销售与竞争计划的方法如下：

（1）从假设出发，提出为证明假设所需要解答的问题，然后收集信息回答问题。

（2）多方获取信息。市场信息应该通过多条渠道来获得，以保证结果的准确性，常用的途径是进行文案调查并附以实地调研；或者委托市场调查公司进行调查。

（3）从全行业出发，具体到目标市场的顾客个体，使分析逐步细化和深入。

（4）减少细节，使读者的思路不脱离主干。

（二）销售与促销

一旦明确了顾客的利益，就要通过销售和促销活动有效地向潜在的顾客宣传这种利益，促使他们购买。

销售与促销的计划有如下内容。

1. 产品进入市场的方式

（1）小规模试点、逐步进入。首先选准范围，在小范围内进行销售，然后再逐步扩大销售范围。这种销售方式的最大特点是前期费用较少，风险也比较小，适合于大部分创业者；但不利因素是扩张的速度较慢，可能会错过市场良机，让竞争对手有机可乘。

（2）广告宣传攻势。

2. 销售过程的设计

创业计划中需要设计出可行的销售路径。回答以下问题。

建立销售队伍还是销售公司？是在各地设立销售分公司还是在各地设立办事处？是利用销售商还是电话销售、网络销售、邮寄等批发零售？

3. 销售方法

（1）高层管理人员销售。如对于高价商品，创业的总经理可以参与销售并访问顾客，花一定的时间同顾客进行交谈。

（2）公司销售人员进行销售。

（3）销售商及大规模分销。

4. 销售队伍的组织

创业计划中应该比较完整地介绍销售队伍的组建方式，包括人员安排、具体职责、培训计划以及考核和管理办法等，尤其要提到培训计划和激励机制的问题。

5. 定价策略

价格是一项非常敏感的因素，其决定因素有很多。在创业计划中应该明确表述这些内容，并讲清缘由。

6. 促销

在消费者心中树立良好的形象是销售活动必不可少的部分。一般来讲，它通过广告和公共关系等手段来实现。广告非常直接，在此之前，应该确定广告对象、估价、计算成本。对于创业企业来讲广告费可能过于昂贵，而公共关系则是相对比较灵活的解决措施。

（1）选择适合于具体产品类型的促销手段。如展示、展览、雇用专业的公关公司等。

（2）促销所要达到的效果。在创业计划中应该交代促销所要达到的具体效果。例如，通过产品广告或通过公关公司的包装，将提高多少销售量、将占有多少市场份额等。

市场营销计划是创业计划中最具影响力的一章，也是最难写的部分，它要有以下几个特征：连续性（每一阶段都要以前一阶段为基础），灵活性（最好列出可选方案）和易读性（言简意赅），另外还要充分利用有限资源并列出绩效准则。

首先把最初的创意描绘出来，由此提出问题。

七、管理组织计划

在企业的生产活动中，存在人力资源管理、技术管理、财务管理、作业管理、产品管理等，而人力资源管理是其中很重要的一个环节。因为社会发展到今天，人已经成为最宝贵的资源，这是由人的主动性和创造性决定的。企业要管理好这种资源，更是要遵循科学的原则和方法。

在创业计划中，必须对主要管理人员加以阐明，介绍他们所具有的能力，他们在本企业中的职务和责任，他们的详细经历及背景。此外，在这部分创业计划中，还应对公司结构做简要介绍，包括公司的组织结构图；各部门的功能与责任；各部门的负责人及主要成员；公司的报酬体系；公司的股东名单，包括认股权、比例和特权；公司的董事会成员；各位董事的背景资料。

经验和过去的成功比学位更有说服力。如果你准备把一个特别重要的位置留给一个没有经验的人，一定要给出充分的理由。

组织与管理对创业的成败至关重要，也是投资者或其他读者着重阅读的部分之一。一般来说，一个人才结构合理、组织设计适宜、管理水平较高的创业团队，是更容易创业成功的。从创业来看，一个创业团队需要三方面优秀人才：优秀的管理者，优秀的技术者，优秀的营销者。因此，创业者需要认真考虑创业团队，并在创业计划中很好地描述出来，既能够获得更多人的支持，也能够增强本身的创业成功信心。

（一）组织结构

组织结构表示各个岗位的层次关系，并对每个（类）成员的职务进行简要说明，这部分应该用一张图来描述。各阶段的结构图复杂程度可以不一样，结构也可有适当的变动。

（二）绩效考评制度

绩效考评制度标识出新创企业以生存发展为目标的活动导向，人员各尽其职。该制度应量化要达到的目标以及评价的标准。

（三）奖惩制度

设法激励员工，使他们尽可能地提高工作效率。这就要求管理人员在不同的时间、场合，对不同的员工采用不同的管理方式。因此，管理人员参与决策、员工培训和能力开发就显得日益重要起来。奖惩最好与成果挂钩，要有限度地容忍员工的失误。在创业计划中应该把奖惩制度列成公式写在表格里。

（四）任用标准

各个岗位的标准不能一样，这样可以减少人力成本。根据职务标准确定用人标准，任用各岗位人员时，既要考虑其能力也要考虑其觉悟，因为创业期非比寻常。

（五）培训

培训的资格和形式要明确指出。例如，脱产/不脱产、正式/非正式、每次培训的时间间隔、培训考试。

（六）工作描述和职务分析

这部分要参看各岗位的实际情况，在我国现在的新创企业里，最好一开始就养成职务分析的习惯，以便于以后的管理。

（七）关键的外部顾问

如果有必要，而且也已经计划聘任某些外部顾问，如法律、公关、管理顾问、技术顾问等，也应该在创业计划中介绍。

八、财务计划

（一）资产流动性

（1）5年内的现金流入及流出。现金流量是创业企业成败的关键，同时它还可以作为计划的工具，通过按期监视资金的流入流出状况使创业者得到计划未来的方法。因此，在创业计划中应该详细说明有关情况，这一部分也是读者阅读的重点内容。

（2）筹资安排和现金储备。这一部分应该是在全部资金的基础上，进行5年的财务预测，其中应该包括自有资金和融资部分。

另外，应充分了解现金的重要性。现金是流动资产的一部分，现金的多少反映企业资产的流动性，它对企业流动比率有重要影响，也是投资商尤其是银行家所关注的问题。

（二）收益预测

由于从利润表中可以了解企业的"保底线"，即创业企业在什么情况下盈利或亏损，所以应该对此给予相当的重视。其必须列出以下三个财务指标。

（1）销售收入。销售收入方面的数据是通过销售预测而获得的。对于创业企业来讲，销售预测是财务的基础。

（2）成本及费用。

（3）净利润。

（三）资产负债表预测

资产负债表表示公司在某一时间点上资产与负债的状况。资产负债表的一侧表示公司的流动资产以及固定资产；另一侧表示负债、流动负债、长期负债以及所有者权益等。依据资产负债可以对企业5年内的财务状况进行预测。

九、风险分析

为了使创业计划更完善，必须有风险分析这部分。风险的可能来源有：有限的操作经验，有限的技术力量，有限的资源供应，有限的管理经验，市场的某些不确定因素，生产上的某些不确定因素，某种不可抗力，来自竞争对手的威胁，假冒伪劣商品问题，一定程度上被模仿的可能性，对关键管理方式的独立性问题，等等。进行风险分析是确认投资计划的风险，并以数据方式衡量风险对投资计划的影响，目的是向投资者说明控制和避免风险的策略。

（一）风险分析的内容

风险分析包括如下内容。

（1）你的公司在市场、竞争和技术方面都有哪些基本的风险？

（2）你准备怎样应付这些风险？

（3）就你看来，你的公司还有一些什么样的附加机会？

（4）在你的资本基础上如何进行扩展？

（5）在最好和最坏情形下，你的 5 年计划表现如何？

如果你的估计不那么准确，应该估计出你的误差范围到底有多大。如果可能的话，对你的关键性参数做最好和最坏的设定。

（二）如何进行风险分析

创业计划中的财务预测是在对可能发生的情况进行假设的基础上获得的，因此假设的准确性对于财务预测具有重大影响，创业计划中的风险分析部分应该以这方面的问题为重点。

（1）做出对三种情况的预测。在对创业计划中的假设条件进行客观分析的基础上，根据所获得的财务数据划分最好情况、一般情况、最差情况，编制相应的三个利润表。

（2）盈亏平衡分析。各种不确定因素（如投资、成本、销售量、价格、项目寿命期）的变化会影响投资方案的经济效果，当这些因素的变化达到某一临界值时，就会影响方案的取舍。盈亏平衡分析的目的就是找到这种临界值，判断投资方案对不确定因素变化的承受能力。

（3）敏感性分析。所谓敏感性分析，是通过测试一个或多个不确定因素的变化所导致决策评价指标变化的幅度来了解各种因素变化时投资方案的承受能力。敏感性分析是经济决策中常用的分析方法。

第六章　创业融资

美国著名管理学家罗杰·费里兹曾说："创业者成立企业，除了一些基本工作之外，还需要创业资金。拥有的资金越多，可选择的余地就越大，成功的机会就越多。如果没有资金，一切就无从谈起。"对于广大的大学生创业者来说，创业初期最头疼的问题莫过于"如何获得自己的第一桶金"。正所谓"巧妇难为无米之炊"，对大学生创业者来说，能快速、高效地筹集到资金，是创业成功至关重要的因素。

案例

洛维克借钱有怪招

洛维克小时候家境并不富裕，他19岁开始借钱买船，由于有利可图，他逐步摸索出一条借钱之道，为他日后拥有万贯家财奠定了基础。成年后的洛维克是个沉默寡言的人，他很少和别人交谈，更不肯接见新闻记者。但这个沉默不语、不愿张扬的人却拥有世界上最多的船只与吨位。

洛维克借钱有两个步骤。

第一步："借风驶船"

他准备借钱买一艘旧货轮，把它改装成油轮，因为运油比运货更有利可图。然后，他到纽约找了几家银行，这几家银行看他穿着破旧的衣衫，就问他有什么可做抵押。他承认他没有什么东西可做抵押，但是他有一艘油轮，他想，他也许可以利用这艘油轮来借钱。大通银行的人后来说："洛维克来到我们这家银行，告诉我们，他把油轮租给了某家石油公司，他每月收缴的租金正好可以按月偿还这笔贷款。因此，他建议把租船契约交给银行，由银行去向那家石油公司收租，这就等于他在分期偿还银行的钱。"在许多银行看来，这种做法虽离奇古怪，但对银行来说，它是相当保险的。洛维克本身的信用也许不十分可靠，但是那家石油公司的信用却十分可靠。银行可以假定，只要那艘油轮和那家石油公司仍然存在，银行就不怕收不到钱。洛维克采取这种做法，显然是在利用那家石油公司的信用来增强自己的信用。银行就这样把钱借给了他。洛维克如愿以偿地买下了旧货轮，并把它改装成油轮。然后把它租出去，再利用它去借款，用借来的款再去买船。

第二步："借鸡下蛋"

过了几年，他赚到钱后，又产生了一个更妙的想法，既然他可以用已有的船来借钱，同样能用一艘尚未制成的船来借钱。这是他借钱的第二步：借鸡下蛋。

洛维克的新方法是这样的：他设计出一艘油轮，或其他有特殊用途的船。在船还没有造成之前，他就找到了租赁者。他手里拿着租赁契约跑到一家银行去借钱造船。这次借钱采用分期偿还的方式，银行要在船下水之后才能开始收钱。船一下水，银行就可收取租金，等贷款付清之后，洛维克以船主的身份把船开走。可是，在建造这艘船之时，洛维克却一文没花。洛维克这种做法令银行震惊。但是，当银行仔细地研究了之后，觉得洛维克的借钱方式很有道理。现在，洛维克自身的信用已毫无问题，而且他还会利用别人的信用担保。大通银行的人说："这一类贷款，我们称之为'双重文件'——这笔贷款是由两个公司或者两个人分别保证偿还，而它们之间的经济利益又完全独立。因此，假如中间有一个人破产了，另一个就会解决债务。银行因此也就有了双重保障。"

第二次世界大战结束后，洛维克又开始寻求发展自己事业的方法。他感到造船业若以美国为基地是很不理想的。这主要是因为工人工资、器材、税率都太高昂，同时，造船业因各国复杂的关税和其他种种限制而受到很大的束缚。

20世纪50年代初期，他在日本找到了一个诱人的生意。日本作为一个战败国，在经济上也处于萧条状态。日本当时有一座巨大的海军船坞，主要制造军舰和飞机。第二次世界大战后，该船坞关闭，数千人失业，给当地造成严重的影响，似乎显得有些不可救药了。日本政府当时急于把这个地方重新开放，同时又担心它会变成美国的海军船坞，进而成为美国的军事基地。

当洛维克这个腰缠万贯又有信用的美国老百姓出现在此地时，日本政府热烈欢迎他。据说，当地的一名日本官员在签约时，激动地流下了眼泪。日本政府很快跟这位沉默的美国人达成了交易，只要求他雇用日本员工，购买日本钢铁，而日本政府则把这个船坞廉价、长期地租给他，同时给予优惠的关税待遇。很快，他拥有的船只越来越多，并设立了许多子公司。他在世界各地的公司构成了一个环球性的王国。他购买矿场、油田，并利用他的船只作为运输工具。他建立银行和贷款公司，参与金融事业，他拥有的资本达20亿~30亿美元，是全世界最富有的少数人之一。

【思考】

1. 洛维克是怎样"借风驶船"的？
2. 银行为何愿意把钱借给洛维克？
3. 洛维克成功借钱有哪两个步骤？
4. 洛维克创立了怎样的融资手段？

资料来源：MBA智库文档——财务管理——企业筹资案例

第一节　创业融资的困境

创业者面临的最大问题是什么？2011年河北大学工商学院针对本校管理学院学生的一项创业调查结果显示：49%的学生认为创业遇到的最大问题是"缺乏资金"，26%的学生认为"经验不够"。创业者，尤其是那些处于不吸引人的行业或刚刚起步的创业者，寻找外部资金的确比较困难。银行不愿意贷款给初创者，创业投资家又在寻找大笔交易项目，私人投资者越来越小心谨慎，而公开上市只适用于一小部分有良好业绩的"明星"企业。虽然并不是所有的创业活动都需要大量的资金，但缺乏必要的资金还是会极大地影响创业之路。因此，创业融资成为创业过程中最难跨越的几大障碍之一。

一、创业企业自身融资经验不足

初出茅庐的大学生在初次创业的道路上除了面临社会经验、管理能力等方面的不足外，在创业融资方面常常容易走入误区，最终使自己的努力功亏一篑。当前的融资误区主要表现在以下三个方面。

误区一：急于得到企业启动资金或周转资金，给小钱让大股份，贱卖技术或创意。有不少核心技术拥有者在公司运营一段时间后，对当初的投资协议深感不满并提出毁约，而这样做的后果往往导致在资本市场上臭名昭著。

误区二：即便投资人不能提供增值性服务和指导，仍与其捆绑在一起。

误区三：对风险投资不负责任地使用，烧别人的钱圆自己的梦。

每一轮融资中的投资者都将影响后续融资的可行性和价值评估。因此，对于尚处早期的创业公司来说，应引入一些真正有实力、能提供增值性服务、与创业者理念统一的投资者，哪怕这意味着暂时放弃一些眼前的利益。（孙宁）

二、创业企业缺少可抵押的资产

谁会把钱借给一个身无分文的人呢？根据美国人口调查局 1987 年对企业的调查，在所有公司中，有 30% 的创业资本不到 5000 美元，只有 1/3 企业的创业资本超过 5 万美元。在我国的调查也发现同样的情况：创业者在创业前的年收入在 3 万元以下的占 27%，3 万～5 万元占 15.4%，这使得创业启动资金极为有限。既有企业在获得银行贷款资金时，可以用企业的资产作为抵押，而创业企业几乎没有可以提供抵押的资产。而且为创业企业提供资金比为其他企业提供资金面临更大的风险。

三、创业企业没有可参考的经营情况

即使身无分文，但如果有过去的辉煌，也很容易筹集到资金。就像可口可乐的前总裁说的那样，可口可乐公司即使在一夜之间遭遇火灾，也有可能在一夜之间进行重建，银行会争着向可口可乐公司提供贷款。资金的提供者都要求在将来的某个点回收资金并获得回报，企业未来的经营情况关系到投入资金的安全。对既有企业来说，可以分析其已有的盈利能力来预测未来的经营情况。银行或其他投资人在向企业提供资金时也会对企业的财务报表进行分析。而不幸的是，创业企业既缺少资产，又没有以往的经营业绩，所能提供的资料不过是一份商业计划书，未来的营业情况具有更大的不确定性。

四、创业企业的融资规模相对较小

如果你是银行一位信贷经理，你是愿意把 100 万元贷款给一家大公司，还是愿意向 10 家小企业每家贷款 10 万元呢？当创业企业向银行申请贷款时，其金额往往比既有企业小，而银行办理一次业务的成本相同，使得创业企业的单位融资成本远远高于既有企业。据调查，对中小企业贷款的管理成本平均为大型企业的 5 倍，银行理所当然地愿意向大型企业而不是向创业企业提供贷款，这加剧了创业企业融资的难度。

第二节　创业融资的原则

一般而言，创业融资应遵循以下原则。

一、及时性

巧妇难为无米之炊，足够的资金是抓住机会的基本保证，创业者在制定融资策略时必须预测到企业每个需要资金的阶段，提前做好准备，同时也要准备一定数量的储备融资渠道。

二、低成本

融资是需要成本的，创业者需要付出一定的费用才能获得资金的使用权，在同等情况下，创业者在融资时应首先选择那些所需成本较低的融资渠道。

三、低风险

企业融资是有风险的，特别是创业者在制订创业计划的时候，对于融资渠道必须考虑到各种可能出现的不可融资情况，企业在确定每一阶段的融资策略时，应首先考虑较稳定、变数较小的融资来源，如有抵押的银行贷款，而把风险较大、不确定性较强的融资渠道作为备用渠道考虑。

总之，融资的黄金法则有以下几点。

（1）现金为主。

（2）早得现金比晚得现金好。

（3）风险较小的现金比风险较大的现金好。

第三节　创业融资的渠道

一、私人资本融资

创业企业具有的融资劣势使他们难以通过传统的融资方式（银行借款、发行债券等）获得资金，所以私人资本成为创业企业融资的主要组成部分。图 6-1 是美国《公司》杂志调查 500 强企业（Inc 500）的创业资金主要来源。

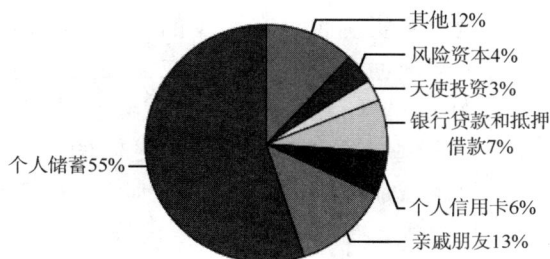

图 6-1　500 强企业的创业资金主要来源

资料来源：阿玛尔·毕海德. 新企业的起源与演进[M]. 魏如山，等译. 中国人民大学出版社，2004

我国情况也是一样的，根据世界银行所属的国际金融公司对北京、成都、顺德、温州 4 个地区的私营企业的调查，我国的私营中小企业在初创阶段几乎完全依靠自筹资金，

90%以上的初始资金都是由主要的业主、创业团队成员及家庭提供，而银行、其他金融机构贷款所占的比例很小。

（一）自我融资

每一个创业者都应该明白创业是有风险的。当准备创业时，必须放弃原有的工作，将自己的所有精力和智慧都投入到新创企业中。那么，创业者是否应将个人积蓄投入到创业中来呢？答案是肯定的。一方面，创办新企业是捕捉到商业机会从而创造价值的过程，将尽可能多的资金投入到新创的企业中，可以在初创企业中获得更多的股份。创业成功后，将会获得更多的回报，这样个人和资产才能在创业过程中获得更大的价值。另一方面，自我融资是一种有效的承诺，前面已经分析了初创企业在融资过程中的困境，如果在初创企业的过程中投入自己的资金，这本身就是一种信号，它告诉其他投资者，创业者对自己认定的商业机会十分有信心，对自己的初创企业十分有信心，是全心全意、踏踏实实地在干一份事业。同时，创业者会谨慎地使用每一分钱，因为那是自己的血汗钱。这种信号能够对其他投资者产生一种积极暗示，增加他们对自己初创企业投资的可能性。

（二）向亲朋好友融资

亲朋好友是创业融资的重要来源。在创业初期，技术不成熟，销售不稳定，生产经营存在很多的变数，企业没有利润或者利润甚微，而且由于需要的资金量较少，对银行和其他金融机构来说缺乏规模效益。此时，外界投资者很少愿意涉足这一阶段的融资。因此，在这一阶段，除了创业者本人，亲戚或朋友是最主要的资金来源。

美国自有企业经营协会主席乔治·道森指出："亲戚和朋友应该是创业者寻求资金来源的首要人选，不仅仅是因为他们最有可能相信你以及你的经营想法，而且因为他们最不可能像银行那样需要个人担保来拖累你。"有人把从亲戚和朋友那里筹集到的资金戏称为"爱心资金"。他们借钱或投资该企业通常是出于他们与创业者的关系，是一种爱心，而不是单纯为了利润。如美国《读者文摘》创始人杜威尔·华莱士于1919年4月向父亲借600美元，开始了他的创业生涯。很多实践证明，亲戚和朋友在创业初期的资金融通方面起着关键的作用。

但是，从亲戚和朋友那里筹集资金也存在不少的缺点：①他们可能不愿意或是没有能力借钱给创业者，往往碍于情面而不得不借。②在需要用钱的时候，他们可能因创业者的企业出现资金紧张而不好意思开口要求归还，或者创业者实在拿不出钱来归还。③创业者的借款有可能危害到家庭内的亲情以及朋友之间的友情，一旦出现问题，可能连亲戚朋友都做不成。④如果亲戚朋友要求取得股东地位，就会分散创业者的控制权，若再提出相应的权益甚至特权要求，有可能对雇员、设施或利润产生负面的影响。例如，有才能的雇员可能觉得企业里到处都是裙带关系，同事关系、工作关系的处理异常复杂，即使自己的能力再强，也很难有用武之地，逐渐萌生去意；亲戚朋友往往利用某种特殊的关系随意免费使用企业的车辆，公车变成了私车。

一般来说，亲戚朋友不会是制造麻烦的投资者。事实上，创业者往往找一些志同道合且在企业经营上有互补性的朋友通过入股进入公司并直接参与经营管理，从而为企业建立一支高素质的经营管理团队，以保证企业的发展潜力。例如，井深大和盛田昭夫于1946 年 5 月共同创办了今天的日本索尼公司，井深大主要负责技术开发，盛田昭夫主要负责经营管理。经过共同努力，他们建立起世界一流的电子电视产品公司。

为了尽可能减少亲戚朋友关系在融资过程中出现问题，或者即使出现问题也能减少对亲戚朋友关系的负面影响，有必要签订一份融资协议。所有融资的细节（包括融资的数量、期限和利率，资金运用的限制，投资人的权利和义务，财产的清算等），最终都必须达成协议。这样既有利于避免将来出现矛盾，也有利于解决可能出现的纠纷。完善各项规章制度，严格管理，必须以公事公办的态度将亲戚朋友与不熟悉的投资者的资金同等对待。任何贷款都必须明确利率、期限以及本息的偿还计划。利息和红利必须按期发放，应该言而有信。

亲戚朋友对创业者可能提供直接的资金支持，也可能出面提供融资担保以帮助创业者获得所需要的资金，这对创业者来说同等重要。

（三）天使投资

天使投资（angel investment），是权益资本投资的一种形式，是指富有的个人出资协助具有专门技术或独特概念的原创项目或小型初创企业，进行一次性的前期投资。它是风险投资的一种形式，根据天使投资人的投资数量以及对被投资企业可能提供的综合资源进行投资。与其他投资相比，天使投资是最早介入的外部资金，即使还处于创业构思阶段，只要有发展潜力，就能获得资金，而其他投资很少对这些尚未诞生或嗷嗷待哺的"婴儿"感兴趣。

天使投资人通常是创业企业家的朋友、亲戚或商业伙伴，由于他们对该企业家的能力和创意深信不疑，因而愿意在业务远未开展起来之前就向该企业家投入大笔资金，一笔典型的天使投资往往只是区区几十万美元，是风险投资人随后可能投入资金的零头。

天使投资有三个方面的特征。一是直接向企业进行权益投资。二是天使投资不仅提供资金，还提供专业知识和社会资源等方面的支持。如惠普公司创业时，斯坦福大学的弗雷德里克·特曼教授，不仅提供了 538 美元的天使投资帮助惠普公司渡过危机，还帮助惠普公司从帕洛阿尔托银行贷款 1000 美元，并在业务技术等方面给予创业者最大的支持。三是投资程序简单，短期内资金就可以到位。

天使投资人并非都是"天使"，创业者必须非常小心地验证每一位潜在投资人的性格和声誉。创业者急于获得资金的做法可能导致灾难性的后果，成为这些不够严谨的投资者手中的玩物。很多创业者都认为钱天生就是平等的，只要有人认可他们的创意值100 万美元，给他们开支票，钱的来源真的不重要。事实上，大多数天使投资人都很单纯，但也有一些例外，如果遇上的话可能会让你付出的比得到的更多。创业者应提防以下几种天使投资人。

（1）鲨鱼型天使投资人。这种天使投资人是最坏的。他们参与早期投资的唯一目的就是利用创业者在融资经验和交易经验方面的不足而牟利。如果长期负债过程变成了一个纯粹的折磨，那你就得向投资人卑躬屈膝了。

（2）官司型天使投资人。官司型天使投资人会找各种各样的借口把你告上法庭。这种天使投资人从来都不关心你的公司可以提供的回报，而是试图通过恐吓、威胁和诉讼来赚钱。他们知道你没有资源跟他们斗，所以算定了你会投降。遇到这样的天使投资人，你就得跟你的律师保持紧密联系。

（3）高人一等型天使投资人。有很多成功的商业人士出身的天使投资人相信自己比其他人有着明显的优势。这些人通常是些霸道、消极的人，对你所做的每一个决策都会歇斯底里地挑剔。摊上这样的天使投资人，你千万别被吓着，以致做出错误的决策。

（4）控制狂型天使投资人。这种天使投资人一开始像是你最好的新朋友。一旦你得到融资后，他就等着。只要你一犯错误，他就会拿出协议，要求将赋予他更多的控制权的条款升级成他必须进入你的公司的条款，由他亲自掌控你的公司。这时，唯一能救你的就是你的董事会了。

（5）教程式天使投资人。教程式天使投资人不是控制你，而是想在每一件事上都手把手地教你，在投资之前他们称之为提供辅导，听起来不错。但他们给你开了支票后，就想一天24小时帮你。这就是最大的烦恼。最初，你对他们的投资表示感谢，也可能会对他们表示宽容，但是最终这种重担会把你压垮。跟他们保持距离是最好的解决办法。

（6）过气天使。这样的天使投资人往往出现在每一次的经济扰动期。他们通常都是有资金流动问题的"空中飞人"。他们每天都会参加一些俱乐部，但却背着债务。他们会跟你见面，而且会问你很多个问题，但是从来都不会跟你成交。跟他们打交道，你要学会结束谈话。

（7）哑巴天使投资人。财富不是商业精英的代名词。你可以通过他们问的问题来判断他们是不是哑巴天使投资人。如果他们问一些肤浅的问题或者根本不懂业务，那就不可能跟他们形成成功的长期合作关系。但是不要忘记，有钱人通常会有些精明的朋友。

（8）经纪人假扮天使投资人。这种人到处都有，他们通常会扮成律师和会计师。他们根本没意向投资你的公司，而是会诱使你签署向你介绍真正投资人的收费协议。经纪人的工作往往是值得付费的，但是要认清谁是天使，千万别被误导。

如何提防以上这些天使投资人呢？只要有可能，只接受可信的个人投资或专业的天使投资机构的投资，不要接受故意引诱你的人。当然，你还应该在业内做一些尽职调查。问问他们投资过的其他公司，问问这些公司的老板，看看他们的投资人是什么样的人。

案　例

王维嘉：富有野心的创业融资故事

在美国旧金山南端，一条不足1500平方英里[①]的狭长谷地上，每年所创造的国民经济总产值可以与韩国持平，在世界所有独立的经济体中名列第11位，它就是美国硅谷——惠普、IBM、英特尔、仙童、苹果、施乐、雅虎、网景、亚马逊等一大批全球新星企业诞生的地方。

这里也演绎着一个华人的创业人生，有传奇，有惊险，有不可捉摸的戏剧性，但更多的是坚韧、自信和无可救药的创业癖……他就是留学美国并在硅谷创业的中国人王维嘉。

---

① 英里：英制的长度单位，1英里＝1.609344公里

敏锐的创业把握与发明思路

1998 年 7 月 28 日，被称为"信息王"的王维嘉发明了双向个人移动信息机（the double faces individual move information machine，TFMIM），当时在世界上首家推出并开始提供信息服务时，就有分析指出，这种信息机的投入使用，标志着未来全球市场总值高达 1 万亿美元的一个全新产业——个人移动信息产业的诞生。

王维嘉将这一具有先进性的技术和产品带给了世界。美国通用无线通信有限公司（以下简称"美通"）1994 年由王维嘉创办于硅谷。创建之初，王维嘉即把企业的发展方向明确在向个人提供移动信息服务上。王维嘉清楚地看到了现代技术的三个主要发展趋势："第一个趋势就是计算机将从桌面向手持方向发展；第二个趋势是无线通信包括手机及寻呼机的迅速普及，通信成本不断下降；第三个趋势则是互联网大爆炸。"

基于这一把握，王维嘉形成了自己的创业理念与发明 TFMIM 的思路：是否能把这三项当代最重要的技术结合在一起，在掌上通过无线联网方式接入 Internet 网络终端；如果可能，那么人们只要轻轻一点，就可以随时随地看到全世界的各种信息了。

富有野心的成功融资故事

高技术企业的创办和发展，资本是不可或缺的关键一环。在美国有 600 多家风险投资公司，而其中的一半都在硅谷。"硅谷的成功，首先在于其运行机制，即强大的资本和富有野心的创业者的紧密结合。"王维嘉说，"对于创业者来说，熟悉和了解风险资本家及其运作模式是融资成功的一个关键前提。除此之外，创业者在与风险资本家接触的过程中，还必须有专业化的表现和足够的个性上的坚韧性。"

王维嘉的第一次融资经历就非常富有戏剧性。1993 年底，王维嘉参加了一次风险投资演讲会。会前，他已经有了开发个人移动通信信息终端的创意。临到会议结束时，王维嘉就走上演讲台向演讲的风险资本家谈了自己的创业思路。那个风险资本家听了王维嘉的"故事"后，就给了他一个电话号码说："我们找时间再谈。"之后，王维嘉连续三天给那个风险资本家打电话都没有人接听，但王维嘉每次都耐心地留下语音留言。终于有一天，那个风险资本家给王维嘉回电话并约定了会面的时间、地点。

当两人见面时，风险资本家说："知道我为什么不接电话吗？这实际上是对你的一个测试。如果你连打电话的困难都不能够克服，我肯定不会找你。因为一个创业者必须有不怕困难的基本素质。"

这样，经过 6 个月的谈判之后，王维嘉终于在 1994 年 7 月从两家风险投资公司得到了第一笔总额为 200 万美元的风险投资。王维嘉成为内地赴美华人中得到风险投资商青睐的第一人。

第一次融资的成功，不但使王维嘉顺利地开始了他的创业冒险活动，也使他充分了解了整个风险投资运作的机理，从而为他后来的三次融资铺平了道路。1995 年到 1999 年 3 月，王维嘉又分三次分别从美国国际数据集团（International Data Group，IDC）、英特尔（集成电子公司）（Intel Corporation，Intel）等 7 家公司获得风险投资 700 万美元、900 万美元、1200 万美元。

前后四次，从多达 7 家风险投资公司总计融入资金 3000 万美元。这个数额，不但在内地赴美的华人圈里是最大的一笔，即使是在硅谷众多接受风险资本支持的创业企业中也位居前列。

资料来源：创业邦——创业故事"王维嘉：富有野心的成功创业融资故事"

二、政策性融资

政府为了鼓励或支持行业和特定人群的发展而给予的国家预算内拨款，称为政策性扶持资金。这些政策在很大程度上可以让大学生找到更好的渠道进行融资，帮助"书生老板"厉兵秣马，发放创业"通行证"。作为创业者，要认真学习、领会各级政府的政策文件，能得到政府扶持或是项目资金的支持是最佳途径。创业可从以下切入点考虑。

（1）贷款支持。政府扶持特定人群创业和再就业。例如，下岗工人、失业人员、出国留学人员、转业复员军人等。

（2）税收优惠。对小型企业、乡镇企业及上述人员创办企业给予不同的税收优惠政策。

（3）财政补贴。国家鼓励中小企业吸纳劳动力，培养人才，建立中介服务机构，促进中小企业科技进步和鼓励中小企业出口等，给予相关政策补贴。

（4）基金扶持。这些基金的特点是利息低，甚至免利息，偿还的期限长，甚至不用偿还。但企业要获得这些基金的支持，必须符合政策规定的相关条件。

（5）市场激励。建立平台，鼓励中小企业到资本市场直接融资。

（6）荣誉奖励。弘扬守信企业和先进企业家，为能够履行基本职能的企业和突出贡献的企业家提供优惠待遇，包括荣誉、减免手续、绿色通道等。

正所谓"操千曲而后晓声，观千剑而后识器"，"博观而约取，厚积而薄发"，也就是说只有掌握了大量信息，才能观剑识器，游刃有余。因此，创业者要善于利用政府扶持政策，从政府方面获得融资支持，除中央外，还有众多地方性政策，也值得大学生创业者考虑。巧妙地运用这些政策和政府扶持，可达到事半功倍的效果。

（一）国家财政资金贷款

国家财政资金贷款指国家为企业提供的各种信贷资金，它来源于国家或地方财政，是国家通过财政所筹集和支配的资金中的一部分，可分为以下几种。

（1）基本建设贷款。基本建设贷款指国家用于列入固定资产投资计划的各建设项目的财政贷款，即"拨改贷"资金，它是固定资产投资的主要部分。

（2）企业更新改造资金贷款。企业更新改造资金贷款指国家通过银行贷款给企业用于挖掘、革新和设备更新与技术改造方面的贷款，它是固定资产更新改造资金的一个重要来源。

（3）其他国家贷款。其他国家贷款如科技开发贷款，软件与集成电路扶持资金，"老、少、边、穷"地区贷款，支援农业贷款，支援地方经济开发贷款以及能源、原材料重点建设贷款等各项贷款和国家级新产品火炬计划重点项目资金。

（二）政府税收优惠政策

（1）所得税政策。政策规定，民族自治地方的企业，需要照顾和鼓励的，经省人民政府批准，可以实行定期减税或者免税；新办的劳动就业服务企业，当年安置城镇待业人员达到规定比例的，可在 3 年内减征或者免征所得税。

（2）下岗职工创办企业的优惠政策。对国有企业下岗职工从事个体工商经营、家庭手工的，经税务部门审核批准，可免征个人所得税 1 年；对在社区内从事家政、环境卫生、交通安全、治安保障等服务业和非生产经营活动取得的营业收入，个体工商户持下岗证明在当地主管税务机关备案之日起，3 年内免征增值税。

（3）增值税政策。一般纳税人销售自行开发产品，可按法定的税率征收后，对实际税负超过 3% 的部分实行即征即退的政策。

（4）乡镇企业政策。乡镇企业所得税可按应交税款减征 10%，用于补助社会性开支，不再税前提取 10%；国家在信贷重点支持乡镇企业的出口创汇、东西部合作和农村应用技术转让三个方面。

（5）支持高新技术企业政策。国务院批准的高新技术产业开发区内企业，经有关部门认定为高科技技术企业的，可按 15% 的税率征收所得税；国务院批准的高新技术产业开发区内新办的高新技术企业自投产年度起免征所得税两年。

（6）鼓励中小型企业技术进步的通用税收优惠政策。企事业单位进行技术转让发生的相关技术咨询、服务、培训所得，年净收入在 30 万元以下的，免征所得税。

（7）支持西部大开发实行的税收优惠政策。设在西部地区的国家鼓励类的内资企业和外商投资企业，在一定时期内，按 15% 的税率征收企业所得税。

（8）支持贫困地区发展的税收优惠政策。在国家规定的"老、少、边、穷"地区新办企业，经主管税务机关批准后，可减征或免征所得税 3 年。

（9）支持和鼓励第三产业的税收优惠政策。

（10）福利企业税收优惠政策。民政部门举办的福利生产企业可减征或免征企业所得税。

此外，企业利用废水、废气、废渣等废弃物为主要原料生产的，可在 5 年内免征或减征企业所得税。对集体商业企业批发肉、禽、蛋、水果产品的业务实行增值税先征后返。

三、创业融资准备

企业在创业阶段风险较大，融资相对较难，如果不认真做好准备工作，成功的希望非常渺茫。在创业者缺乏相关经验的情况下，即使意外成功，交易结构和投资条款也对企业很不利，为今后的发展埋下隐患。所以，要成功实现创业企业融资必须预先做好融资准备。

所谓"知己知彼，百战不殆"，融资准备工作也必须从"内、外"两大因素入手，对企业现状和发展前景有清晰的认识；同时逐步了解外部的融资环境，通过聘请专业融资顾问获得帮助，为成功融资创造条件。具体包括以下几项。

（一）企业自身建设

企业自身建设涉及盈利模式、管理团队、市场顾客和产品技术等几大要素。其中管理团队具有管理能力、凝聚力和进取心，是创业成功的重要保证。

（二）制定融资策略

制定融资策略需要考虑的问题有融资的时机、所需资金的数量、融资采取的方式等。企业还应当根据不同的发展阶段来考虑融资数量和资金投入的时机。融资方式的选择需要结合自身条件和各种融资渠道的风险、成本综合考虑。

（三）资料和人员的准备

将企业的情况和融资计划表达成简明、有说服力的书面文档，凸显企业价值，使投资者通过相关材料对企业有清楚的认识。需要注意的是，随着融资各项工作的到位，内部操作人员专业素质缺乏亦可能导致融资谈判失败。所以适时组织内部人员参加专业培训也是重要的准备。

（四）聘请外部专家

创业者往往缺乏融资经验与时间精力，聘请专业融资顾问应该是最好的选择，他们将为融资的各个步骤提供专业意见，并利用积累的融资渠道为企业引荐合适的投资者。

（五）接触潜在投资者

创业者和投资者之间是一种长期合作关系，需要达成充分的相互了解与信任。企业应在广泛调研的基础上，根据自身的发展模式和价值取向进行选择与接触。事实上在与投资者的交流中，创业者往往能够获得很多有利于企业发展的宝贵建议。

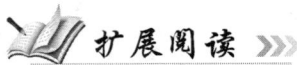

扩展阅读 »

融资前的相关问题分析

1. 融资总收益必须大于融资总成本

融资需要成本，只有确信利用筹集的资金所预期的收益大于融资的总成本时，才有必要考虑如何融资。根据企业内部融资与外部融资的不同性质，要优先考虑企业自有资金，然后再考虑外部融资。融资规模要量力而行。

2. 选择最佳融资机会

要合理分析和预测影响企业融资的各种有利与不利条件，以及可能出现的各种变化趋势，以便寻求最佳融资时机，适时制定出合理的融资决策。

3. 制定最佳融资期限决策

企业做融资期限决策时，需对短期融资与长期融资两种方式进行权衡，选择不同期限的融资方式，尽可能降低融资成本，提高融资效率。

4. 选择最有利于提高企业竞争力的融资方式

通过融资，可以壮大企业资金实力，增强企业的能力和发展后劲。因此，进行融资决策时，要选有利于提高竞争力的融资方式。

5. 寻求最佳资本结构

融资时，必须高度重视融资风险的控制。不仅要考虑能规避风险的融资组合策略，同时还要注意不同融资方式之间的转换。因此，企业在进行融资决策时，应当在控制风险与谋求最大收益之间寻求一种均衡，即寻求企业最佳资本结构。

第七章 企 业 发 展

第一节 企业发展瓶颈与突破

一、企业发展的十大瓶颈

改革开放近 40 年来，中国创业企业取得了令人瞩目的发展，迅速崛起的民营经济已成为中国经济最具活力的重要组成部分，在发展经济、改善民生、增加就业、扩大出口和社会公益等各个方面，民营经济都展现出了无比强大的活力和竞争力。但从微观层面来讲，创业企业生存面临巨大的压力。人民币升值、通货膨胀、员工加薪、低碳经济、员工调整等，使一些中小创业企业在"十三五"规划的开局之年就面临着生存压力。

企业发展规律告诉我们，企业发展到一定程度会出现拐点，企业做到一定阶段会出现瓶颈。越过拐点，突破瓶颈，是每一个企业和企业家都必须正视、应对和化解的问题。目前制约企业发展的因素较多，具体总结来说有以下十大瓶颈。

（一）家族式管理

我国创业企业管理的弊端之一是家族式管理。企业的家族式管理与建立现代企业制度的要求存在明显的差异。在企业创业的起步阶段，大多都是由于资本缺乏，选择以家族的方式发展。在企业发展的初期，企业规模较小，资金不充足。此种情况下，家族式管理在降低管理费用、增强凝聚力方面发挥了一定的积极作用。

当企业发展到一定时期，责任、权利及利益等分配不当以及个人的欲望膨胀，导致企业内帮派林立，股东及合伙人之间意见高度不统一，久而久之，就出现了人心涣散、积极性低、管理混乱等现象。任人唯亲的政策也很容易使企业留不住人才，丧失优秀人才。企业缺乏优秀人才必会给企业带来不可估量的损失。随着企业规模的不断扩大，这种管理模式逐渐成为制约企业向规模化发展的瓶颈。

由于这样的原因，企业处于"上不去也下不来"的困境中。合伙人既没有规范的意识，又不能达成一致意见，在管理中就会逐渐形成相互推诿、相互不睬的现象，导致企业难以发展，出现了"三个和尚没水喝"的必然现象。

创业企业的这种瓶颈是由发展环境造成的，并不是创业企业自愿的。在这种境况下，企业要突破瓶颈，就必须消除彼此相克的因素，形成更强的新的力量，要求合伙人及股东重新冷静下来，思考并协商这些问题，尽早统一思想，达成共识，把企业从困境中解救出来。

（二）自我满足观念

现阶段，创业企业虽发展迅速，但还是存在小富即满、小富即安的思想观念。创业企业最初目的就是满足生活需要，过上较好的日子，这只是他们的初衷，不是把企业当作一份终生的事业来干。一旦生活有了保障，家里的经济宽裕后就放松了奋斗精神，开始享受，没有把企业做大做强的思想，只要能够满足现状就行。在这样的观念指导下，创业企业中大多数缺乏强烈的发展意识，造成了不能与时俱进的企业规划及战略思想，在人才储备及企业的规范意识上就留下了隐患，在现代市场激烈的竞争中就没有发展的能力，最终，形成了手里抓了个老虎丢不了、拿不起来的局面。

"自我满足观念"是一种意识形态，是我国两千多年农业时代的产物，是自然经济的生活遗留下来的意识。所以，创业企业在现代经济发展的时代中，只有先自我解放思想，改变原有自我满足的观念，把企业发展作为终生的一份事业来看待，从观念上进行彻底的转变，树立把企业做大做强的思想，才能从战略上重视在企业发展中的人才培养及规范建设，确保企业的正常运营和在现代发展中的竞争能力。

（三）经营者自身能力不足

这是由我国国情决定的。在 20 世纪 80 年代改革开放初期，创业企业像雨后春笋一般涌现出来，然而高等学府的企业管理学是在 90 年代末才出现的，而且至今管理教学仍与管理实践存在很多脱节的地方。因此，出现了大多数企业经营者不具备相应的管理知识的现象。在开始的十几年中，由于抢占了有利的资源与市场，很多企业都创造了一定的财富，但随着市场的规范化和竞争的白热化，企业经营者能力不足的劣势就显现出来，而且越来越严重地制约着企业的发展。企业的经营者并不是没有意识到时代的要求，但最关键的是不知如何正确面对这一转变。

管理企业与操作机器是完全不同的两件事。如果懂得了操作方法，让机器运起来非常容易，但如果仅仅有管理知识，也未必能做一个好的经营者。原因很简单，机器没有丰富的情感，只有原理；而经营者管理的对象是人，千人千面，百人百心，要管理好绝非易事。这就迫切要求经营者对内加强企业凝聚力，对外提高企业影响力。这看起来微乎其微，实际却关系到企业的和谐稳定发展。

目前，社会上充斥着各种各样的"总裁班"与"管理速成班"，各种行业、大小企业的经营者对这样的培训趋之若鹜，但听了几堂所谓的"管理大师"或"培训专家"的课程后，问题还是问题，现状还是现状。根本原因是很多经营者得了"浮躁症"，认为听上一天课就可以补上所有欠缺的东西。出现这类问题的企业经营者应当尽快提高自身修养，一方面系统地学习管理学知识；另一方面从细微之处入手，提高自身能力。

（四）团队建设不够

远古时期，人类以群居的方式生活，男人狩猎，女人采集，照顾老弱病残。只有集中群体的力量，才能与野兽和大自然做斗争。现代企业中，人们仍然以协作的方式工作，合理组合，共同劳动，发挥每个人的优势，突破单个人能力限制，实现更大的利益和更宏伟的目标，这就是团队。

在竞争日益激烈的今天，企业管理团队的作用日益显著。优秀的管理团队产生优秀的管理者，优秀的管理者具有较强的管理能力，才能管理好员工队伍，才能生产优质产品或提供优质服务，为企业带来更大的效益；不完善的管理团队会限制企业整体的管理能力，从而限制管理效率，制约企业生产或服务。我国创业企业团队建设不够，主要体现在以下几方面。

一是创业企业本身的特殊性先天决定管理团队不足。创业企业显然不是国有企业，更不是外资企业，而是地地道道的由民间私人投资、经营、享受收益并承担风险的法人经济实体。因此创业企业在诞生之初就注定如果没有优秀的管理团队，在发展环境中就会处于劣势。

二是创业企业老板自身问题使其无法带出优秀的管理团队。先天条件不足，后天就必须补充。但大多创业企业的老板没有学过管理学，也没有担任过管理者，甚至连最基层工人也都没做过，只能在实践中摸索，这样就很难培养一支优秀的管理团队。

三是创业企业人才流失严重，培养管理团队的信念不足。很多创业企业的核心技术、材料与信息都集中在创业企业老板手中，而员工流动频繁，担心人才成为竞争对手，使企业老板培养管理团队的信念不足。

四是严重的过客思想影响了管理团队建设的步伐。创业企业的老板本身具有过客思想，做企业就是为了近期赚钱，因此无法培养好的管理团队；员工也抱着一种过客想法，谁给的钱多就跟谁干，没有长期发展的观念，也制约了管理团队建设。

这种种原因形成了管理团队建设的障碍，必须解决管理团队的问题，才能有所突破，获得发展。

（五）战略规划不完善

创业企业最初是怎么成长的？在良好的政策环境下，一个人或几个人对某一行业有点了解，甚至根本就不了解，一拍脑袋，凑点钱就开始做了。对大多数的经营者来说，创办企业仅仅是为了寻找生活出路，随着政策环境变化和市场经济竞争加剧，越来越多的企业难以发展壮大，因为他们一开始就没有制订好战略规划，目标不明确，路线不清晰，这就是制约创业企业发展的又一个瓶颈——战略规划不完善。

创业企业战略规划不完善主要表现在以下几方面：一是对未来的形势缺乏判断。创业企业的诞生是时代的需要，是国家的需要，是市场的需要，但很多创业企业的创建是冲动性的，看到一点点光亮就不假思索地冲上去，看到别人富裕就按捺不住也"下海"，没有对未来的形势加以分析、推测和判断，必然有一部分"不幸"的企业被淘汰出局。二是对企业发展没有明确目标和定位。有人做过一个关于创业企业的调查，老板们的创业动机大都是"赚钱"，持"多少赚点，不要做多大，也不要太辛苦就行"这种观念的不在少数，目标都不清楚，定位也不明确，怎么可能把企业做成呢？三是对企业发展过程缺乏完整的规划。有些创业企业的老板目光很长远，也希望能够做强做大，但是由于自身能力与素质的限制，不知道如何去做，没有完整的战略规划，只好边摸索边走路。四是对短期利益与长期利益的关系不能准确把握。有的创业企业只能看到短期的利益，看不到长期更为丰厚的回报，要么把利润全部分配下去没了发展后劲，要么干脆就游走在法律的边缘，还时不时出界，结果可想而知。

《三国志》中评价刘备为"英雄之器"，他尚能三顾茅庐，请诸葛亮制订战略规划，更何况管理水平与能力非常有限的创业企业？战略对企业至关重要，做不好战略规划，就意味着不能把握企业的前途，也就难以预料企业的兴衰与生死。因此，创业企业要把握企业战略的克生因素，根据五行相生的原理预测未来，并由此制订完善的战略规划，才能发展得更好。

（六）八王之乱

前面已经多次提及，很多创业企业都是从几个亲戚或朋友合伙开始起步的。随着企业的发展，规模越来越大，管理层越来越多，尤其是高层管理者开始划分自己的"势力范围"，对企业权与利的争夺越来越激烈——这就是创业企业版的"八王之乱"，严重制约了创业企业的发展，甚至导致企业倒闭。

创业企业高层混乱主要表现在：一是争权夺利。创业企业成立之初，有钱的出钱，有力的出力，为了盈利，大家团结一致。随着企业的壮大，有了更多的利益可供分配、更大的权力可供驱使的时候，每个人都觉得自己比别人强，每个人都希望得到更多的钱和掌握更大的权力，于是就爆发了争夺战。二是抢功诿过。由于创业企业的管理者自身素质有限，加之对个人利益的追逐，企业赚了钱都认为是自己的功劳，而赔了钱就是别人的错误，相互指责，相互拆台，再也不可能像起初那样相互支持、相互合作。三是拉帮结派。很多问题企业不是家族企业就是朋友企业，由于血缘关系或情感亲疏导致高层管理者之间帮派林立，有些人还培养了众多的"同党"、"亲信"和"耳目"，极力煽动别人制造混乱。

创业企业的"八王之乱"源于高层管理者之间对权力与利益的争夺，根本原因一方面是创业企业的意识问题，另一方面是责、权、利不清引起的责任推脱与权力争夺。

西晋时期的"八王之乱"是一场皇族为争夺中央政权而引发的动乱，历时16年之久，参战诸王多相继败亡，人民被杀害者众多，社会经济严重破坏，西晋统治集团的力量消耗殆尽，隐伏着的阶级矛盾、民族矛盾便迅速爆发。创业企业要以史为鉴，早日化危机于无形，突破瓶颈，获得更好的发展。

（七）市场意识不足

某创业企业以机械制造为主，由于老板是技术出身，懂得如何节约材料并提高性能，却不懂得市场，面临的一个突出难题就是不知道市场上对各种类型及型号机器的需求量，也不知道怎样才能够把这些物美价廉的产品推广出去。当然，这不是个案，中国的很多创业企业都面临这样的发展瓶颈——市场意识不足。

优质的产品只有到用户手里才能发挥作用，只有交给顾客才能收回前期投入的资本。对企业来说，市场的大小决定了盈利的多少，营销的能力决定了盈利的能力。因此，企业的市场意识制约营销成果，营销成果影响了产品到利润的转化，从而决定着企业的生死存亡，这是市场意识与企业发展的克生关系。

我国创业企业市场意识不足主要表现在以下几方面。一是缺乏基本的市场知识。这仍然是由于创业企业老板自身素质的局限性，缺乏基本的市场知识，没有掌握和应用好市场规律，生产什么产品、生产多少产品都是根据自己的想法，而不是来自市场调研的结果，没有科学的依据就很难得到正确的结论。二是没有敏锐的市场眼光。大多数创业企业规模较小，管理能力与素质有限，缺乏市场知识，加之对社会和经济发展的关注不够，导致市场眼光不够敏锐。机会本身又总是转瞬即逝，因此会错失良机。三是误解市场营销的含义。随着市场竞争日益激烈，市场营销日益专业化。不少创业企业认为市场营销就是拉关系，以为吃吃喝喝或看看玩玩就可以签下合同，虽然社会上的确存在这种现象，但更多的顾客在乎的是产品质量好坏和服务是否到位。四是不懂营销团队的建设。很多创业企业对企业营销投入太少，人员比例不合理。营销人员就是随便招聘的，不但没有进行科学的考察，而且没有系统地培训，这样的营销人员本身就不合格，怎么可能做好营销呢？

上述几方面的表现共同制约着创业企业的生存与发展。只有主动消除这些因素，企业才能真正突破市场意识不足这一瓶颈。

（八）品牌意识不强

多年的研究调查发现，我国大多数创业企业都没有强烈的品牌意识。这是创业企业及其产品缺乏竞争力的主要原因之一，也是制约创业企业发展的主要瓶颈之一。

创业企业品牌意识不强，首先表现为部分创业企业对产品质量的要求较低。品牌是企业外化的形象，代表了产品的质量和文化。很多创业企业是中小型企业，没有长期目标与长期规划，不注重产品品质与质量的提高，单方面考虑能卖多少卖多少。创业企业品牌意识不强。其次表现为企业不愿花费精力进行品牌建设。不少创业企业认为品牌就是牌子，牌子就是广告砸出来的，因为企业的资金有限，所以要用于生产，不能用于打广告，也就不需要品牌建设。这是创业企业对品牌的错误理解，广告仅是品牌建设的一种渠道，而不是品牌建设的全部内容，创业企业的品牌建设应当从基础入手，从细微之处落实，经过长期巧妙建设和精心维护才能成功。创业企业品牌意识不强，还表现为企业没有能力进行品牌建设，部分创业企业已经认识到了品牌的重要性，但因为目前的资金、设备、人员等各种状况无法进行品牌建设，也不知道具体该如何着手去做，归根结底还是品牌意识不强。

企业品牌和产品品牌本身是企业的无形资产，间接地帮助企业扩大市场，提高知名度，从而增加利润，这是品牌与企业发展之间的相生关系。如果民族企业有强烈的品牌意识，就会想方设法通过自身的努力打造企业形象，建设企业品牌，或通过借助外力的方法达到目的。目睹上述我国创业企业之现状，品牌意识不强是品牌建设不起来的根本原因，也是制约创业企业发展的重要原因之一，这是品牌与发展的相克关系。因此，随着创业企业的发展，必须加强自身的品牌建设，才能摆脱这一瓶颈的约束。

（九）缺乏良好的企业文化

有人类存在地方，必有活动的记录、历史的沉积、生活的需要和愿望，这就是文化，文化是人们认识自然和改造自然的物质产物与精神产物。企业是现代社会最重要的一种组织，哪里有企业，哪里就有人，哪里就有企业文化。

企业文化与企业发展之间具有相生相克的关系。良好的企业文化有利于企业的发展，低俗的企业文化不利于企业的发展。如果一个企业从管理者到员工都具有统一的价值观念和发展目标、正确的心态、良好的工作习惯，就能团结一心共谋发展，企业将会立于不败之地。反之，企业没有良好的文化氛围，在生产、管理和服务等各个环节的各个方面都会出现问题，不仅难以实现企业的发展大计，甚至不能保证企业的正常运营。

目前，我国许多创业企业缺乏良好的企业文化，这也是制约创业企业发展的瓶颈之一。有人说："小型企业靠老板，中型企业靠管理，大型企业靠文化。"这是一种错误的观念，固然存在这样的现象，但小型企业也要谋发展，也要具有自己独特的文化；大型企业也要考虑生存问题，也要进行管理。无论企业规模是大是小，都需要借助文化的力量引导企业健康发展。尤其是我国的创业企业，与国有企业和外资企业相比，没有更多的资金可以利用，没有更好的技术可以支持，没有更多的人才可以应用。在这样的情况下，如果创业企业能够建设良好的文化环境，改变"三个和尚没水喝""事不关己，高高挂起""当一天和尚撞一天钟"等低俗文化，形成良好的企业精神文化、行为文化和制度文化，那么企业管理者的管理水平和员工的素质就能得到提高，工作效率和管理效率也会相应提高，从而可以降低成本，节约资金，不仅可以使创业企业稳定经营，还能帮助创业企业走上发展道路。

因此，我国创业企业若要突破企业发展瓶颈，必须及早地培养良好的企业文化，保证企业顺利运营、快速发展。

（十）社会服务意识不强

现代企业应树立服务社会的观念，要全心全意为社会大众和消费者服务。具有这样的意识，才能确保生产经营方向正确，才能保持良好的企业形象，才能获得最大化的效益。然而调查显示，我国创业企业的社会服务意识还不强，这也成为制约我国创业企业发展的瓶颈之一。

加强社会服务意识有利于我国创业企业的生存和发展。其一，服务是企业生存的基础。企业为社会提供产品的过程本身就是服务，没有服务就没有产品，企业就失去了生存之根本，企业只有树立好服务意识，形成一个环环相扣的服务体系，才能有高品质的产品。其二，服务是企业发展的条件。随着市场的完善，消费者更有经验，对产品的需求和期望越来越高，企业必须适应人们需求的变化才能谋得更好的发展。其三，服务是企业竞争优势的源泉。企业与企业的竞争经历了产品竞争和价格竞争，已转向服务竞争，产品技术没有差别，服务就是最大的竞争。所以，现代企业必须具有强烈的社会服务意识，才有利于适应未来的生存和发展。

我国创业企业的社会服务意识不强，表现之一是产品与市场之间不相匹配，创业企业更关心产品能否卖出去，而不够关心市场需要什么样的产品，因此部分企业对市场不够了解，不确定产品的类型和数量，从而制约了企业发展。表现之二是产品的售后服务不到位，部分企业认为一手交钱一手交货就万事大吉了，然而顾客在使用中出现了问题无处求助，这对企业的品牌和形象都将造成严重影响。

创业企业必须加强服务意识才能有利于企业的长期发展。要突破这一瓶颈，就必须把服务社会观念融入企业文化中，注重顾客的需求和期望，提供真诚、持续、高效的服务。

二、企业发展瓶颈的突破

（一）人才是突破瓶颈的重点

根据统计和相关研究发现，在现代企业中，创业企业失败率居高不下的重要原因不再是资金，而是这类企业普遍遭遇人才瓶颈。因为创业企业不同于有充裕资金实力和充足时间的大公司，可以通过高额的经济报酬，以及长时间的人才选拔和培训来获取人才。

创业期的企业需要的人才必须具备从事该行业、担任该职务所需的基本知识，具有较好的协调、控制和适应能力，具有良好的心态，对成功、失败都要有较好的承受能力。人才的选聘只是实现人才使用的第一步，用好人才、实现人才的价值转换是企业的最终目的。

1. 加强企业文化建设

企业文化是企业为解决生存和发展的问题而树立形成的，被组织成员认为有效而共享，并共同遵循的基本信念和认知。企业文化集中体现了一个企业经营管理的核心主张，以及由此产生的组织行为。企业文化建设就是要通过各种方法和机制，整合企业现有资源，在企业内部建立一种有利于企业发展的价值观。

企业文化是一种环境，要建立重用人才的文化氛围，为员工发挥才能创造条件。人才只有靠重用才能体现其价值，人才的流失多因得不到重用，正如当年萧何对刘邦所说："能用信，信即留；不能用，信终亡尔。"

2. 相信下属，知人善任

"夫运筹策帷帐之中，决胜于千里之外，吾不如子房。镇国家，抚百姓，给馈饷，不绝粮道，吾不如萧何。连百万之军，战必胜，攻必取，吾不如韩信。此三者，皆人杰也，吾能用之，此吾所以取天下也。"刘邦的知人善任是当代企业家最好的榜样。对人的重用，首先便是信任。江山是创业者在市场中拼搏出来的，因此创业者很容易犯自以为是的毛病。创业企业的领导应知人善任，充分放权，这样才有时间思索更高层次的发展。

3. 树立"以人为本"的价值观

企业在生存和发展的过程中，需要人、物等资源，企业应清楚地认识到人才是企业最重要的资源，就像麦格雷戈的 Y 理论所言：他们是值得信赖和尊重的，是愿意工作的，受到成就感、自尊感和自我实现等高层次需求的激励，是有进取心和创造性的。"以人为本"不是一句空话，企业应该下功夫选人，用人，培养人。

4. 建立健全激励机制

建立健全激励机制，目的是调动员工的积极性和创造性，使员工努力完成任务。对一个企业来说，科学的激励机制可以使企业通过各种优惠政策、丰富的福利待遇、快捷的晋升途径等方法吸引企业所需的优秀人才；科学的激励机制可以激发员工的潜在能力，促进员工充分发挥才能；科学的激励机制可以留住优秀的人才；科学的激励机制可以造就良性的竞争环境。

（二）各国企业用人理念

世界上所有的企业，无论国内国外，无论大企业小企业，都希望选择综合素质好、业务能力强的员工。但是，不同地区的企业风格各有区别，同一地区的企业风格也各有不同。

1. 外资企业

外企看"眼界"。外资企业所能接受的"社会经历"比较广泛，除了要求担任过学生干部、有实习经验之外，对一些与众不同的经历也非常感兴趣，如从事过志愿者工作、曾游历各地等。他们认为，见多识广的学生更容易融入国际化的公司，也能迅速融入顾客的文化。他们可以容忍应聘者能力上的些许欠缺，但在人生阅历上不能是一张白纸。

同样的实习经历，外企人力资源经理更希望在你的描述中能表现出"人性的优点"，如勇敢、社会责任感、自省等。

（1）美国企业。美国人的文化习惯和我们中国人有着相当大的差异，美国企业具有以下特点。

希望获得最新信息：这是与别人攀比竞争的标准，因此他们爱看广告，因为广告上的产品都是大牌，所以看广告能获得最新信息。

做事很执着，不肯轻易放弃：爱与人攀比，竞争意识浓厚，认为攀比是竞争的动力。公司也常常给员工提供公平竞争的舞台，大家不管家世出身，不分上级下属，在竞争的舞台上地位都是平等的，起跑线是一样的。

培养主动意识：在公司里，任何人都有权利说话，尽情发表自己的意见。要把公司当作自己的公司，这才是一个优秀的员工素质。在面对一个美国上级时，不要事事都唯命是从，如果你有比上级更好的想法和意见，完全可以直言不讳，对方反倒会佩服你。

树立商业意识：美国人做事很实际。自己付出了劳动，就要相应地得到报酬。一份工作雇佣双方能够做到互相尊重才是双赢。一般来说，在外企，都有非常明确的工资结构。公司会根据职位范围的大小、工作的复杂度等来确定工资的级别，工资的增长跟员工的业绩是紧密相连的。

主张良好的工作氛围：工作时精力充沛，开朗爽快，无拘无束；在公司里，大家不论职位高低，一律直呼对方的英文名，体现出平等、民主。

团队发展意识：与别人商谈，永远称呼"我们公司"。如摩托罗拉在招聘员工时有一条标准，那就是员工要具有发展意识，他既要能发展自己，又要能发展别人。

注重人才储备，随时为企业补充后备力量和新鲜血液，如毕马威在"四大会计师事务所"中不是规模最大的，但他们每年对大学生的招聘力度却并不比其他三家少，入职的大学生第一年做的是非常基础性的事情，小组的领导会教你做事情，第二年就要你独立做事，而第三年则需要你带领小组，教新人做事情了。而在 5 年后，就开始向高层管理和合伙人的位置努力了。角色的迅速换位使得人才的成长几乎是被逼出来的。

美国劳工部公布的最受雇主欢迎的十种技能是：解决问题的能力、专业技能、沟通能力、计算机编程技能、培训技能、科学与数学技能、理财能力、信息管理能力、外语交际能力、商业管理能力。

　　微软在招聘人才、使用人才时特别青睐"三心"人才。一是热心的人。对公司充满感情，对工作充满激情，对同事充满友情；能够独立工作，有许多新奇想法，又以公司整体利益、长远利益为重，视公司为家，和同事团结协作、荣辱与共。二是慧心的人。脑子灵活、行动敏捷，能够对形势准确把握、从容应对、尽快适应，在短期内学会、掌握所需的知识和技能。三是苦心的人。工作非常努力、勤奋，吃得了苦。

　　IBM 成功的经验之一就是不录用恭顺的人，专用实事求是的人。IBM 创始人沃森说："最容易使人上当受骗的是言听计从、唯唯诺诺的人，我宁愿用那种虽然脾气不好但敢于讲真话的人。作为领导者，你身边这样的人越多，办成的事也越多。"敢于讲真话的人不迷信权威，不计较个人得失，能很好地贯彻企业经营理念，推进企业各项工作的发展。同时，IBM 公司对应聘者的专业背景也并无严格要求，笔试考核题目中没有任何关于计算机知识的内容。通过笔试，就能考查应聘者的综合反应速度、判断能力以及心理素质等。只要你有兴趣和潜力，公司就会给你机会。就像大海，"蓝色胸怀"是包容、宽大的胸怀。

　　可口可乐用热情衡量求职者，由不同主管从不同角度来考查。面试主要考核应聘者是否有热情，是否了解可口可乐，对公司从事的行业和产品是否有热情。其次才考核求职者的团队能力和领导能力。

　　英特尔聘人有许多独特渠道俘获人才。其中包括委托专门的猎头公司帮他们物色合适的人选。另外，通过公司的网页，求职者可以随时浏览有哪些职位空缺，并通过网络直接发送简历。只要公司认为你的简历背景合适，你就有机会接到面试通知。还有一个特殊的招聘渠道，就是员工推荐。

　　宝洁公司的笔试包括三部分：解决问题能力测试、英文测试、专业技能测试。无论你如实回答或编造回答，都能反映你某一方面的能力。宝洁希望得到每个问题回答的细节，根据一些既定考查方面和问题来收集应聘者所提供的事例，从而来考核该应聘者的综合素质和能力。高度的细节要求让个别应聘者感到不能适应，没有丰富实践经验的应聘者很难很好地回答这些问题。

　　雅虎的用人之道告诉我们，从事 IT 业的人不可太短视，不可频频跳槽以换取厚利，理应踏实工作。只要肯努力，相信公司会人尽其才的。该公司迄今尚未流失一个为"高薪而跳槽"的员工。

　　与单纯的学历相比，百事更注重员工的潜能与品质、团队协作和发展。百事在面试、招聘员工时，特别注重三大方面——专业能力、管理能力和个人品质。它们强调：一个优秀的百事员工，应具有在原有能力基础上发展的可塑性。在面试过程中，面试官运用行为科学的方法来考查应聘者的能力和潜力，最后内部形成一致意见。

　　Google 是以技术起家的，要求应聘者有很扎实的基础，还要有很强的动手能力。如果应聘工程师，就要有很强的编程能力，要对计算机这个学科有深刻的理解，同时，应聘者要认同 Google 创新的企业文化。通过交流看应聘者用什么方式来解决一个问题，也可以感受他是不是很有"创意"。

　　其他美洲的公司对英语要求都很高，如北电网络，因为北电网络中国公司要向北美汇报，它们总部在加拿大多伦多，公司发的一些指令、政策也全部是英文，所以对员工的英语水平要求偏高。每次招聘员工时都会做英文测试，无论技术部门还是销售部门、市场部门。

（2）欧洲企业。欧洲企业众多，各国企业各有特点。

在英国，人们喜欢干脆利落、开门见山。英国公司要求员工有严格的时间观念，注重礼节、等级和地位差异。处世观念比较平和，老板不会对员工随便发火，同事之间也很少激烈地争辩。厌恶说谎，注重实干。欧洲企业对于应聘时的着装要求相对而言要宽松一些。

德国人严谨认真、讲究逻辑，讲诚信，讲承诺，一旦有约定，他们就一定会兑现自己的诺言。英语是主要交流工具，不管应聘哪个职位，英文的听、说、读、写都要过关。做事很实际。自己付出了劳动，就要相应地得到报酬。这些都可以在合作之前谈清楚，同意则干，不同意则罢。如果老板让你加班，你可以当着老板的面把加班的条件说清楚。这种行为会得到德国上司的称赞，因这种行为极具商业意识。在选拔本土人才时，更青睐与公司拥有同样特质的应聘者。如西门子最青睐年轻、充满活力的专业人士以及工程师，它们对人才主要从三个方面考查：知识、经验和能力。知识包括专业理论知识、商务知识和市场知识；经验包括本专业领域的实际经验、项目经验、领导经验和跨文化工作经验；能力包括推动能力、专注能力、影响能力和领导能力。

法国人浪漫而且深深热爱自己的国家，在他们眼里也许没有一个地方比法国更美了。世界最大的化妆品集团欧莱雅，招人时事前准备不能作为加分的主要因素，细节不起主导作用，往往安排当场测试，要通过各方面的考查，最后做出综合判断。个人形象只要对将来的工作没有负面影响，在面试中就不会有太大的影响，它们认为欧莱雅是一家从事美丽事业的公司，外表方面完全可以让员工加入公司后，在美的环境中熏陶形成。

意大利经济在西方世界中居第五位，在欧洲共同体中居第三位。企业与人员特点是：相对欠缺时间观念，他们认为迟到不一定就表示不尊重；当面探讨生意，不喜欢借助电话、电子邮件等；十分健谈，思维敏捷，习惯于身体接触；生意场上比较讲究穿着，十分优雅。

荷兰是经济大国，属于经济开放型国家，其对外贸易额位居世界第八位。荷兰银行遍及世界 60 多个国家和地区，银行业的国际化已成为其日益重要的支柱产业之一。服务业是荷兰经济的主要支柱。此外，保险业和酒店管理在市场上也有一定的领导地位。企业与人员特点是：重视对雇员的培养和分配；企业中管理层次清晰，管理人员的素质也高，尤其重视新知识、新技术；比较正式、保守，在商务谈判时要穿正式西装，谈判也不喜欢拐弯抹角；时间观念强，讲究准时；做生意喜欢相互招待宴请。

瑞典人以强大的机械制造业倍感自豪，像爱立信、伊莱克斯等大公司就是中国人所熟悉的品牌企业。企业与人员特点是：注重平等、效率；生意为先，通常无须第三方的介绍或推荐，瑞典人会主动自荐；讲究高效率的瑞典人磋商时喜欢立刻进入正题；谈判开始的提价符合实际，而不是以一个夸大的数字开始；感情保守的交流方式以及出名的谦让和克制力。如爱立信的经营理念一点都不新，相反倒非常古老，但却抓住了人类最本质的东西：真诚与关怀。公司的氛围让人感到尊重和信任，这体现在关怀每位员工未来的长远发展上，并以制度来确保实施。在公司里，每个人都能够无障碍、无后顾之忧地与老板沟通，都能够有机会表达自己未来想怎样发展的愿望，而公司会成全你的愿望：

给你以配套的培训和学习机会，然后将这方面的项目交由你做，并给予很多自主权。正是因为企业对员工信任和尊重，员工才对企业信任，认为这家企业承载着自己的未来，值得自己鞠躬尽瘁地付出。

丹麦是一个善于在变化的国际竞争中发挥自己特点的国家，结合本国特点，设计制造出有自己特色的产品，是他们的成功之道。企业与人员特点是：具有适应发展、抓住机遇的能力；中小企业居主导地位，75%的丹麦公司拥有雇员数不超过50人。这对丹麦人来说不是缺点，反而是优势，因为中小企业信息流通快，新的想法很容易付诸行动；实行职业轮换的制度，保证劳动力更新；工作时间内十分严肃，态度保守、认真；凡事按部就班，计划性强；做生意采取较温和的姿态；拥有很强的法制观念，很注意道德，有自己传统的道德标准，心地好，朴素不急躁，沉着而亲切；敬老爱幼、扶弱助残是整个民族的美德，这种教育是从孩提时代就开始的。

中国人对挪威企业相对陌生。挪威是世界上最富裕的国家之一，是拥有现代化工业的发达国家。其北部沿海有著名的渔场。企业与人员特点是：生意场上不注重关系导向，中间人的作用微小；具有语言天赋，大多数人能讲流利的英语，还有很多人同时会法语和德语；心直口快，挪威人讲话通常很坦率、直接；做生意相对无须太正式，喜欢采用"先高后低"[①]的谈判策略；在谈判桌上，挪威人通常只是含蓄地看着对方，而且感情不外露；倾向于轻言细语和沉默寡言的挪威人对事态发展会显得不动声色。

在北欧三国流传着这么一句话：挪威人先构思，然后瑞典人制造，最后丹麦人推销。因为根据三者的特点，挪威人注重理论，而富于创造性；瑞典人善于应用而精于生产；而丹麦人在商业方面则是胜人一筹的。

（3）日本企业。日本有很多知名企业，如大金、欧姆龙、柯尼卡、美能达、住友、三井化学等，以劳动密集型居多，涉及的行业以服装、家电、耐用消费品、快速消费品等生产制造业为主，而不像欧美在华投资的企业，多数以技术密集型为主。因此日企对生产制造类人员的需求量更大一些，尤其是生产制造的管理人员、现场操作工人。

日本企业不喜欢参加大卖场式的人才招聘会，认为那样既影响公司形象，又容易在人多眼杂中暴露公司机构，所以日本企业习惯于猎头服务或通过求职网站发布招聘信息。招聘往往是从性别、年龄到工作背景都有非常明确的要求，职位按资排辈，管理制度、等级制度森严，企业的规矩比什么都更能说明你的工作取向。

索尼公司历来不拘一格使用人才。创建初期提出的口号：永远争第一，永远不模仿他人。强调索尼就是索尼，没有什么本地和外地一说。人才就是人才，而不管你是本国人和外国人。在招聘时，会通过不同的招聘方式来考查应聘者是否具备索尼要求的素质。演员出身的大贺则卫被录用直至提升为总裁的例子最为典型。索尼是非常珍视人才的，如觉得一个人才不太适合自己部门，但他的确非常优秀的话，那么会推荐给其他部门，所以你在索尼经常可以看到一个部门的人带着应聘者到其他部门转来转去。

东芝公司认为，要尊重人就要委以重任，能拿得起100公斤，就要交给他120公斤的担子。东芝推行重担子主义和量才适用的用人路线，实行内部招聘，让员工申请最能发挥专长的职位，从而使企业繁荣昌盛，历久不衰。

---

① "先高后低"：先报高价迷惑竞争对手，临投标截止时间前突然降价.

（4）韩国企业。韩国企业认为员工关系决定企业成败，具有"人才第一"理念。韩国的优秀企业大都以"人才第一"为基点，非常重视组织成员之间的团结，积极致力于创立能够反映员工创造性建议和意见的企业文化，提倡每个员工的责任承担和主人翁精神，从而形成了共同体式的企业文化。通过建立企业内部的研修院或利用产业教育机构培育了大量优秀的人才，现在韩国主要的企业集团都已采用了科学的人力资源管理制度；一些专业性比较强的大企业和中小企业为了拥有自己的专业技术人才，还建立了相应的人才储备系统，或是从销售额中提取一定的比例持续进行教育投资。此外，韩国的优秀企业还普遍重视员工的海外研修工作，以促进员工的自我开发。大多数成功企业在"公司的成长与健康的劳资关系是同步的"这样一种信念指导下，积极培育劳资共同体意识和劳资和解气氛，从而使企业的经营活动能够在稳定的劳资关系中顺利地进行。

三星集团的创始人李秉哲信奉"疑则不用，用则不疑"的信条，主张对三星的员工实行"国内最高待遇"。为此，三星公司采用了公开招聘录用制度，新员工一旦被公司录用就要接受三星公司彻底的培训，目的是使之成为"三星之星"，以实现公司成为超一流企业的目标。三星公司在"企业即人"的创业精神指引下，彻底贯彻了"能力主义""适才适用""赏罚分明"等原则。为了挖掘企业员工的潜在能力，除了总公司建立有三星集团综合研修院外，各分公司还分别建立了自己的研修院，并通过海外研修等形式对员工进行有效的教育培训。

2. 国内企业

（1）国企看"素质"。我国不少国有企业现有的企业文化仍然是计划经济体制下形成的企业文化的延续，从市场经济对企业的要求来看，这种文化已成为这些企业进一步提高生产力的桎梏。目前，大部分国有企业的人力资源管理理念正处于从传统向国际化转变的阶段。国企对应聘者综合素质要求很高，希望对方能像沙和尚一样吃苦耐劳，像孙悟空一样神通广大，像唐三藏一样意志坚定，像猪八戒一样乐观开朗。国企招人还往往把学习成绩好作为前提，那些社会经历丰富但成绩不太理想的人就要悠着点了。

国企在招聘中没有外企那么严苛。在国企，只要人事经理认为你的条件合格，通知你参加面试了，那么你就基本上成功了80%。也就是说，在国企，基本上参加面试的5个人可以留下4个。同样的比例，在外企，可能10个人只能留下1个，甚至1个都不留，宁缺毋滥也。在国企的面试中，基本遇不到讲英语的场面；面试中的问题角度和难度不同。

外企的问题通常是智力测验型、游戏型问题，通过一个看似普通的问题来考验你的个人能力；国企的面试官则更多把目光聚焦在对企业忠诚、政治上上进、遵守规章制度、乐于付出等方面。在问及你的薪资要求时，切不可要求过高，以显示你乐于付出，不计报酬。否则，淘汰的可能大些。

（2）民企、股份制企业。中国民营企业的标兵——正泰的选人标准是：求专不求全，复合人才最青睐。为确保"人适其岗，职能相符"，对所有岗位都规定有明确的胜任能力要求，并针对不同的岗位设置不同的任职资格条件，根据周期性的绩效考核，对不同表现的员工进行升职、调岗和岗位轮换，以确保合适的人在最合适的岗位上。能够适应"科技化、产业化、国际化"战略要求的复合型人才是正泰的热门需求。

民生银行的招聘原则是：重文凭，不唯文凭。因为在他们看来，学历可以反映一个人的知识结构，但却无从考量他的实际工作能力。民生银行在招聘考试中发现有这样一种倾向：考试成绩很好的人，在实际工作中处理问题的能力未必很佳，当然这未必是普遍规律，但这样的问题确实存在。而有些人可能学历相对较低，但应变能力、开拓业务的能力却很强。基于此，民生银行非常看重应聘者的悟性。

格兰仕注重"人才蓄水"。如果你走进格兰仕集团，迎面看到最显眼的一则广告就是："人是格兰仕的第一资本。"格兰仕的门永远对高素质人才敞开。格兰仕一直大胆采用新人，形成"F1方程赛"一样"能者上，庸者下"的格局。

神州数码是联想控股有限公司旗下的子公司之一，开创了一条人才选、用、育、留、记的全方位管理之路。观点是：市场的竞争就是人才的竞争，人才的竞争不是说能挖到优秀人才，而是你自己要产生创造人才的机制，培养和造就源源不断的人才，好比一个人，你不能靠输血来活着，你必须有自己的造血功能，因此，公司有足够数量、足够质量的人才群体，是经营成功的关键。神州数码体现 3P 理念的薪酬奖励体系，包括岗位价值（positon）、个人能力（person）、工作业绩（performance），以待遇留人、以事业留人、以感情留人。

上海通用在面试时，推出了情境模拟面试的新思路，即根据应聘者可能担任的职务，编制一套与该职务实际情况相仿的测试项目，将被测试者安排在模拟的、逼真的工作环境中，要求应聘者处理可能出现的各种问题，以此测试应聘者心理素质，观察其领导能力、领导欲望、组织能力、主动性、口头表达能力、自信程度、沟通能力、人际交往能力。上海通用还把情境模拟面试方法推广到对技术工人的选拔上，如通过齿轮的装配练习，评估应聘者的动作灵巧性、质量意识、操作的条理性及行为习惯。孰优孰劣，泾渭分明。

百度公司的企业文化相对来说比较自由和宽松，崇尚有激情、创造力、自由发挥和高效率，凝聚力不是基于规章制度，而是基于自发的冲动和创业激情。在招聘技术人才方面有一整套严格的程序，包括笔试和面试。笔试主要考查应聘者的专业基本功；面试一共有三轮，首先 HR（人力资源）部门会对应聘者进行面试，其次与不同的工程师面谈，最后和将要进入工作部门的同事面谈。主要考查应聘者与公司内的上司和员工能否协同工作，是否认同公司的理念。

（3）港台企业。港资企业老板对员工的个人诚信看得很重，很相信自己的眼睛，他们会对应聘者进行细致的考查，如派专人到应聘者以前的工作单位详细了解他以往的职位、工资，以及表现是否与他的自我描述相符。喜欢自尊心强、自爱低调的求职者，穿着打扮是否得体是他们面试时十分注意的环节，节俭的消费观念才能和老板的精打细算一拍即合。台资企业很务实，新进员工都必须从基层干起，吃点苦是正常的，但是挨过几年后，个人能力会有很大的提升，薪酬待遇也会涨得飞快。台资企业的管理不如欧美企业那样规范、制度化。

第二节　企业上市

一、企业上市的原因

企业改制上市是企业成长阶段最重要的战略决策之一。伴随着国内资本市场的快速发展，特别是创业板的开闸，民营企业家的上市热情持续高涨。

企业改制上市相对于其他形式来说，其优势十分明显，企业上市对自身及其股东的效益是多方面的。简单来说，可以增强企业竞争实力、拓展融资平台、提高管理能力、强化企业宣传等。

（一）对企业而言

（1）获得持续、稳定的融资渠道。上市企业信用资质较高，有利于获得银行贷款。通过上市，可为企业的持续发展获得稳定的长期的融资渠道。企业可以通过在资本市场持续再融资获得源源不断的发展资金，上市后公司债务比率大大降低，财务风险减弱，对银行的依存度降低，可以利用募集资金进行规模扩张。通过对募集资金的合理使用，企业能够获得超越同行的快速发展契机，把握行业良好的发展机遇，实现企业的高速成长。

（2）企业可以通过上市引进国内外战略合作伙伴，开拓市场空间，打通国际渠道；可以通过在海内外上市进一步开拓中国香港地区、新加坡等东南亚市场。

（3）改善财务结构，降低资产负债率，提高抗风险能力。

（4）可以借助资本市场建立有效的股权激励机制来吸引人才，提高公司经营绩效。

（5）提升市场形象，获得宣传平台。上市对企业而言是巨大的无形资产，在一定意义上强于任何广告宣传。在发行过程中，通过市场推介活动，可以向资本市场及广大投资者展现企业的综合实力；之后的挂牌交易以及持续的信息披露也可以源源不断地展示企业形象，有效地提升企业地位。

（6）上市可以使企业原来不规范的运作和管理变得规范，完善企业的治理结构，为企业长远健康发展引入良好的机制，奠定制度基础。

（7）上市后企业可以利用股票期权计划来实现对管理层和员工的激励，增强企业凝聚力和战斗力。

（二）对股东而言

（1）迅速提升财富价值。企业股东的原始投入成本相对较低，而股票发行价格较高，通过上市可以在资产净值上获得增值。企业上市以前，股东的财富价值一般通过净资产计算，而上市之后其价值通过二级市场市值计算，股东的财富将获得巨大乃至数倍、数十倍的增值。

（2）通过资产证券化，流动性大大增强，公司股东和管理层可以通过出售部分股权等获得巨额收益。

（3）分散投资风险，利用资本杠杆控制更多资源。企业在改制上市过程中既可以通过股权转让或增资扩股引进战略投资者，又可以引进成千上万的公众投资者。在控制权没有转移的情况下，控股股东达到了转嫁和分散风险的目的；同时可以通过层层控股的方式将触角伸得更远、更广，以有限的资金去控制更多的资产或资源。

（4）构筑良好的退出平台，在需要的情况下方便企业股东在获利之后顺利退出。实现资产证券化后，财产继承更便捷，提高资产继承后运用的自由度。

二、企业上市的优势与劣势

（一）企业上市的优势

企业上市具有以下优势。
（1）取得固定的融资渠道。
（2）得到更多的融资机会。
（3）获得创业资本或持续发展资本。
（4）募集资金以解决发展资金短缺问题。
（5）上市是企业为了降低债务比例而采用的措施。
（6）在行业内扩展或跨行业发展。
（7）增加知名度和品牌形象。
（8）持股人易于出售股票。
（9）管理者可以收购企业股权。
（10）对雇员进行期权激励。
（11）取得更多的"政策"优惠和竞争地位。

（二）企业上市的劣势

企业上市具有以下劣势。
（1）上市以后企业不再是私人公司，而是有定期向公众（包括竞争对手）进行充分信息披露的义务，包括主营业务、市场策略等方面的信息。
（2）有时媒体给予一家上市公司过高关注也存在一定的负面影响。
（3）上市后为保护中小股东利益，企业重大经营决策需要履行一定的程序，如此可能失去部分作为民营企业所享受的经营灵活性。
（4）上市后股权被稀释，管理层将不可避免地失去对企业的一部分控制权。
（5）上市以及上市后，企业都需要支付较高的费用，如公关费用、给投资银行的费用、财务报表的审计费用等。
（6）上市公司比民营企业需要履行更多义务、承担更多责任，管理层也将承受更大的压力等。

三、企业上市的流程

企业改制、发行上市牵涉的问题较为广泛复杂，一般在企业聘请的专业机构的协助下完成。企业首先要确定券商，在券商的协助下尽早选定其他中介机构。股票改制所涉及的主要中介机构有证券公司、会计师事务所、资产评估机构、土地评估机构、律师事务所。

企业上市包括四个阶段：改制阶段、辅导阶段、申报材料制作及申报阶段、股票发行及上市阶段。

（一）改制阶段

1. 拟改制企业——各有关机构的工作内容

拟改制企业一般要成立改制小组，公司主要负责人全面统筹，小组由公司抽调办公室、财务及熟悉公司历史、生产经营情况的人员组成，其主要工作包括以下方面。

（1）全面协调企业与省、市各有关部门、行业主管部门、中国证监会派出机构以及各中介机构的关系，并全面督察工作进程。

（2）配合会计师及评估师进行会计报表审计、盈利预测编制及资产评估工作。

（3）与律师合作，处理上市有关法律事务，包括编写公司章程、承销协议、各种关联交易协议、发起人协议等。

（4）负责投资项目的立项报批工作和提供项目可行性研究报告。

（5）完成各类董事会决议、公司文件、申请主管机关批文，并负责新闻宣传报道及公关活动。

2. 方案确定

券商和其他中介机构向发行人提交审慎调查提纲，由企业根据提纲的要求提供文件资料。通过审慎调查，全面了解企业各方面的情况，确定改制方案。审慎调查是为了保证向投资者提供的招股资料全面、真实、完整，这也是制作申报材料的基础，需要发行人全力配合。

3. 分工协调会

中介机构经过审慎调查阶段加深对公司的了解，发行人与券商将召集所有中介机构参加的分工协调会。协调会由券商主持，就发行上市的重大问题，如股份公司设立方案、资产重组方案、股本结构、财务审计、资产评估、土地评估、盈利预测等事项进行讨论。协调会将根据工作进展情况不定期召开。

4. 各中介机构开展工作

根据协调会确定的工作进程，确定各中介机构工作的时间表，各中介机构按照上述时间表开展工作，主要包括对初步方案进一步分析、财务审计、资产评估及各种法律文件的起草工作。

取得国有资产管理部门对资产评估结果确认及资产折股方案的确认，土地管理部门对土地评估结果的确认。国有企业相关投入资产的评估结果、国有股权的处置方案需经过国家有关部门的确认。

5. 准备文件

企业筹建工作基本完成后，向市经济体制改革办公室（以下简称"体改办"）提出正式申请设立股份有限公司，主要包括：①公司设立申请书；②主管部门同意公司设立意见书；③企业名称预核准通知书；④发起人协议书；⑤公司章程；⑥公司改制可行性研究报告；⑦资金运作可行性研究报告；⑧资产评估报告；⑨资产评估确认书；⑩土地使用权评估报告书；⑪国有土地使用权评估确认书；⑫发起人货币出资验资证明；⑬固定资产立项批准书；⑭三年财务审计及未来一年业绩预测报告；以全额货币发起设立的，可免报上述第⑧、⑨、⑩、⑪项文件和第⑭项中三年财务审计报告；市经济体制改革办公室初核后出具意见转报省经济体制改革办公室审批。

6. 召开创立大会，选董事会和监事会

省经济体制改革办公室对上述有关材料进行审查论证，如无问题且获得省政府同意股份公司成立的批文，公司组织召开创立大会，选举产生董事会和监事会。

7. 批准成立

工商行政管理机关批准股份公司成立，颁发营业执照。在创立大会召开后30天内，公司组织向省工商行政管理局报送省政府或中央主管部门批准设立股份公司的文件、公司章程、验资证明等文件，申请设立登记。工商行政管理局在30日内做出决定，公司获得营业执照。

（二）辅导阶段

在取得营业执照之后，股份公司依法成立，按照中国证券监督管理委员会的有关规定，拟公开发行股票的股份有限公司在向中国证券监督管理委员会提出股票发行申请前，均须由具有主承销资格的证券公司进行辅导，辅导期限一年。

辅导内容主要包括以下方面：股份有限公司设立及其历次演变的合法性、有效性；股份有限公司人事、财务、资产及供、产、销系统独立完整性；对公司董事、监事、高级管理人员及持有5%以上（含5%）股份的股东（或其法人代表）进行《公司法》《证券法》等有关法律法规的培训；建立健全股东大会、董事会、监事会等组织机构，并实现规范运作；依照股份公司会计制度建立健全公司财务会计制度；建立健全公司决策制度和内部控制制度，实现有效运作；建立健全符合上市公司要求的信息披露制度；规范股份公司和控股股东及其他关联方的关系；公司董事、监事、高级管理人员及持有5%以上（含5%）股份的股东持股变动情况是否合规。

辅导工作开始前10个工作日内，辅导机构应当向派出机构提交以下材料：辅导机构及辅导人员的资格证明文件（复印件）；辅导协议；辅导计划；拟发行公司基本情况资料表；最近两年经审计的财务报告（资产负债表、损益表、现金流量表等）。

辅导协议应明确双方的责任和义务。辅导费用由辅导双方本着公开、合理的原则协商确定，并在辅导协议中列明，辅导双方均不得以保证公司股票发行上市为条件。辅导计划应包括辅导的目的、内容、方式、步骤、要求等内容，辅导计划要切实可行。

辅导有效期为3年。即本次辅导期满后3年内，拟发行公司可以由主承销机构提出股票发行上市申请；超过3年，则须按上述规定的程序和要求重新聘请辅导机构进行辅导。

（三）申报材料制作及申报阶段

1. 申报材料制作

股份公司成立运行 1 年后，经中国证监会地方派出机构验收符合条件的，可以制作正式申报材料。申报材料由主承销商与各中介机构分工制作，然后由主承销商汇总并出具推荐函，最后由主承销商完成内核后并将申报材料报送中国证监会审核。会计师事务所的审计报告、评估机构的资产评估报告、律师出具的法律意见书将为招股说明书有关内容提供法律及专业依据。

2. 申报阶段

（1）初审。中国证监会收到申请文件后在 5 个工作日内做出是否受理的决定。未按规定要求制作申请文件的，不予受理。同意受理的，根据国家有关规定收取审核费人民币 3 万元。

中国证监会受理申请文件后，对发行人申请文件的合规性进行初审，在 30 日内将初审意见函告发行人及其主承销商。主承销商自收到初审意见之日起 10 日内将补充完善的申请文件报至中国证监会。

中国证监会在初审过程中，将就发行人投资项目是否符合国家产业政策征求国家发展和改革委员会和商务部意见，两部门自收到文件后在 15 个工作日内，将有关意见函告中国证监会。

（2）提交发行审核委员会审核。中国证监会对按初审意见补充完善的申请文件进一步审核，并在受理申请文件后 60 日内，将初审报告和申请文件提交发行审核委员会审核。

（3）核准发行。依据发行审核委员会的审核意见，中国证监会对发行人的发行申请做出核准或不予核准的决定。予以核准的，出具核准公开发行的文件。不予核准的，出具书面意见，说明不予核准的理由。中国证监会自受理申请文件到做出决定的期限为 3 个月。发行申请未被核准的企业，接到中国证监会书面决定之日起 60 日内，可提出复议申请。中国证监会收到复议申请后 60 日内，对复议申请做出决定。

（四）股票发行及上市阶段

（1）股票发行申请经发行审核委员会核准后，取得中国证监会同意发行的批文。

（2）刊登招股说明书，通过媒体巡回进行路演，按照发行方案发行股票。

（3）刊登上市公告书，在交易所安排下完成挂牌上市交易。

第八章　新企业创业

当初旨在"为城市青年开拓新的就业门路，为农村大量剩余劳力寻找陌生出路"的政策，使"创业"一词走进千家万户，走进各行各业。在今天看来，它着实成就了千百万创业企业，吸收了大量劳动力，创造了巨大的财富，为社会做出了贡献，也成为中国百姓家喻户晓的亲切名词。创业，是现代人的梦想；成功，是创业者追求的目标。现在的中国，给创业者提供了前所未有的商业机会和有利条件。经济持续高速发展，科技创新的步伐日益加快，以及加入世界贸易组织和西部大开发等历史性机遇，给创业者带来源源不断的商机。国家扶持中小企业的政策陆续出台，各种服务机构（会计师事务所、律师事务所、金融公司、猎头公司）不断开设和完善中小企业服务项目，创业板市场建立，为创业者成就事业提供了政策、融资与运营等方面的服务与支持。任何企业的创立都需要一个过程，创建企业的过程也不会简单到一张图谱就能充分描述，但在我们的实践中，可以用一个主要的流程来有效地描述新创企业的创建过程。本章有关新企业创业，主要包括三部分内容：第一部分是新创企业概述，包括新创企业的界定、特点、类型和演变周期；第二部分是新创企业的建立过程，包括培养创业者素质，组建创业团队，搜寻和审查创业机会，制订创业计划，新创企业的融资和建立新创企业法律事务等；第三部分是新创企业的发展，包括新创企业的市场营销和成长管理。

第一节　新创企业概述

随着知识经济的到来，科学技术在经济发展中的作用日益显著，创业活动也正如火如荼地开展着。在市场经济的作用下，新创企业如同雨后春笋般产生。

一、新创企业的界定

新创企业在西方辞典中为"new venture"，是指创业者抓住创业机会，通过对资源的整合进而构建的一个全新的且具有法人资格的实体，它提供产品与服务，目标是盈利与成长。一般认为，新创企业是指位于成长过程中的早期发展阶段的企业，多是指初创期与成长期的企业。Chrisman 等认为，在创业企业达到成熟阶段之前，都可以被称为"新创企业"。但何时达到成熟，却不存在精确的时间。新创企业达到成熟阶段所要花费的时间，取决于它所处的行业、所拥有的资源和使用的战略等因素。这个时间最短是 3 年，较长的为 8～12 年。全球创业观察（global entrepreneurship monitor，GEM）报告中将新创企业界定为成立时间在 42 个月（3 年半）以内的企业。众多的研究学者在学术研究中对新创企业有不同的时间界定，主要集中在 5 年、6 年、8 年、10 年。结合中国新创企业的实践，将新创企业界定为成立时间在 8 年以下的企业，具体指从企业创立开始到已经摆脱生存困境，并基本转化为规范化、专业化管理的过程。通过 8 年的发展，新创企业逐步在市场竞争中培养了自身的能力，找到了合适的竞争战略，形成了自己的竞争优势，使得实证研究具有较强的可操作性。

二、新创企业的特点

21世纪是知识经济和网络经济的时代，在这个时代新创立的企业在创立、生存、发展等方面都与以往的企业不同。在新时代继续沿用传统的企业理论来解释新创企业竞争优势的问题，无论从理论上还是从实践上都存在许多障碍。新创企业与已经有较长历史、经营相对稳定的成熟企业相比有着较大的差异，而此种差异恰恰可以体现出新创企业的基本特点。因此，针对新创企业的特点研究新创企业的生存与发展问题是非常必要的。相比成熟企业，新创企业有以下特点。

（1）新创企业一般是基于一个市场机会或者一个商业模式而创立的，主要着眼于配置各种资源去实现创业机会，因此创业机会的识别与开发能力对新创企业的生存和发展显得尤为重要。成熟企业经过多年的发展已经积累了较雄厚的资源基础和较丰富的行业经验，所以主要着眼于通过提高经营管理水平来提高已有资源的收益。

（2）新创企业一般都存在"新进入劣势"问题。Stinchcomhe最早对新企业死亡原因进行了探讨，提出"新进入劣势"概念，具体表现在内部缺少足够的资源、能力和经验，外部缺乏信任和社会关系网络。由于"新进入劣势"的存在，新创企业很难在激烈的竞争中获得竞争优势，战胜成熟企业。这种由于新创而造成的劣势不仅仅是规模意义上的小组织劣势，更多是组织生存意义上的新创劣势。我国目前的新创企业大部分是生存型创业，而且以中、小、微企业居多，大都比较弱小，存在较为明显的"新进入劣势"，很大一部分新创企业在技术研发、市场营销、财务管理等方面的经验和能力都还不足，形成自己独立的核心能力就更加困难了。

（3）新创企业一般都存在"小、快、灵"的特点，市场竞争意识和适应环境的能力较强。新创企业在创立之初通常人员较少，组织结构和决策模式较为简单，一般来说，创业者和几个骨干成员讨论后就可以做出决策并快速行动，而不像成熟企业那样组织结构完善，层级较多，互相制约，决策和行动缓慢。新创企业对外部环境变化较为敏感，能够快速适应环境变化，更容易发现市场机会，更有助于获取竞争优势并生存下来。正如达尔文所说，在剧烈变动的环境中，最终能够生存下来的，不是最强壮的，也不是最聪明的，而是最灵活、最能适应环境的生物。

（4）新创企业一般都面临激烈的市场竞争。新创企业由于自身资金、技术实力有限，所进入的行业多是一些进入门槛较低的传统行业，如建筑、装饰、餐饮、零售、中介服务等。这些行业相对于IT通信、生物、医药、房地产、互联网等进入门槛较低，对资金、技术要求不高，因此大量的新创企业、中小微企业扎堆于这些传统行业，使得这些行业竞争激烈、利润率较低，生存压力巨大。

三、新创企业的类型

按照建立的渠道，新创企业可以分为三种：独立创业、母体脱离（corporate spin-off）和企业内创业（intrapreneurship）。

（一）独立创业

独立创业是指创业者个人或创业团队白手起家进行创业。独立创业可能基于各种原因，如发现了很好的创业机会，独立性强不愿受别人管制，失去工作或找不到工作，对大组织的官僚作风和个人前途感到无望，受其他人创业成功的影响，等等。独立创业获得成功的例子不胜枚举，许多赫赫有名的企业家都是白手起家发展起来的。

（二）母体脱离

母体脱离是公司内部的管理者从母公司中脱离出来，新成立一个独立企业的创业活动。母体脱离的创业者拥有创业所需的专业知识、经验和关系网络，生产与原公司相近的产品或提供类似的服务。母体脱离不是个别的现象，其原因可能是创业者与原管理层不和从而分离出来，或者是创业者发现了商业机会但原管理层不认同或不重视而分离出来。

（三）企业内创业

企业内创业即在大企业内部创业。现在的大企业已经不是创业热潮中的旁观者和被动的应对者，甚至一些知名的大公司也在积极地寻找和追逐新的、有利可图的创意和商业机会，这就是内部创业者要完成的工作。

就我国而言，目前新创企业的产业类型大多是比较单一的，局限于高新技术产业和模仿大产业类型的小企业。高技术新创企业位于产业技术生命周期的开端，是技术、产业乃至整个经济进化的源头。高新技术新创企业的规模很小，如在硅谷，许多电子制造业公司只有 1～10 名职工，85%的公司内的职工不足 50 名。其组织形式亦相当平常，大都采用独资、普通合伙或有限合伙企业的形式。模仿大产业类型的小企业也是目前新创企业的主要类型，它们不具备大企业的管理模式、运作方式，只是在小范围内进行着大企业同样的差价核算，从中牟取本企业发展的利润空间。例如，青岛胶西镇的海花、海诺花生油生产加工转运公司，它们并不具有当地如合家园、品品好等公司的规模，但是依托于当地得天独厚的生产、加工和原料等条件，创造出了自己的利润空间。

四、新创企业的演变周期

一般来说，企业生命周期变化规律是以 12 年为周期的长程循环。它由 4 个不同阶段的小周期组成，每个小周期为 3 年。如果再往下分，一年 12 个月可分为 4 个微周期，每个微周期为 3 个月。该规律的行业特征不太明显，适用于各种行业，甚至大部分商业现象。由于不同的企业存在不同的生命周期，不同的生命周期体现不同的变化特征，尽管它们有共同的规律，但在 4 个不同周期变化各异，各自的发展轨迹也不同。这些不同的变化特征可归纳为如下三种。

（一）普通型

普通型周期运行顺序为：上升期（3 年）→高峰期（3 年）→平稳期（3 年）→低潮期（3 年）。普通型变化周期最为常见，60%左右的企业属于这种变化。它的 4 个小周期的运行相对稳定，没有大起大落。属于普通型变化周期的企业，即使经营业绩平平，但只要在低潮期不出现大的投资失误，一般都能比较顺利地通过 4 个小周期的循环。

（二）起落型

起落型周期运行顺序：上升期（3 年）→高峰期（3 年）→低潮期（3 年）→平稳期（3 年）。起落型变化比较复杂，不易掌握，属于盛极而衰、大起大落的类型。这类变化企业的比例约占 20%。它的运行轨迹在周期转换过程中突发剧变，直接从高峰落入低谷。属于这种周期运行的企业，经营者一般都会被眼前的辉煌所迷惑，错误估计形势，拼命扩大投资规模，准备大干一场。殊不知这种投资决策的失误会导致前功尽弃，甚至全军覆没。

（三）晦暗型

晦暗型周期运行顺序：下落期（3 年）→低潮期（3 年）→高峰期（3 年）→平稳期（3 年）。名曰晦暗，隐含韬光养晦之意。这类周期变化的企业与上述两类相比，运转周期中减少一个上升期，多出一个下落期。这就表明在 12 年 4 个小周期的循环中，这类企业可供发展的机会少了 3 年，而不景气的阶段多出 3 年。这类企业的比例约占 20%。一个正常运作的企业，如果处于不景气的低迷状态中达 6 年之久，不光众人士气低落，企业决策者也面临严峻的考验。属于这种周期运行的企业决策者，容易产生以下两种心态：一是彻底悲观失望，对前途失去信心，不想做任何努力，任企业自生自灭；二是出于孤注一掷的赌徒心理，拼命扩大投资，采取破釜沉舟、背水一战的方式来挽救败局。这种急功近利的做法，不但于事无补，反而会在陷阱中越陷越深。所以在这个阶段，以上两种心态都不足取。晦暗型变化的企业虽有诸多弊端，但也具备独特的优势，它在经历下落和低潮两个小周期阶段的低位循环后，运行轨迹突发剧变，直接从低谷冲上高峰。

对于新创企业来说，从企业开始做起就要端正态度。明确企业不可能在企业创立之初就能有所绩效。企业决策者要权衡利弊，扬长避短，把不利因素转化为有利因素。企业处于低潮固然不利，但要去发现企业的有利条件，保持企业的优点，也要调整企业的组合，采用相应的战略，着眼于中长期目标的投资。

现今中小企业经营者极容易走入一个误区，认为只要做大做强，企业就能生存发展。在这种经营思想指导下，经营者容易采取发展型战略，进行盲目扩张，以致在企业生命周期的高峰期会取得一定成果，但一旦进入低潮期就会适得其反，后果不堪设想。而低潮期是周期循环力量衰竭的产物，是必然的发展趋势。企业战略只有选对最佳时机，才能取得成功。企业生命周期的研究作用正在于此。

第二节　新创企业的建立过程

一、培养创业者素质

人，是一切活动展开的关键因素。创业之前，创业者需要进行充分的心理准备，需要积累大量的知识、提升各方面的能力、具备优良的素质，需要被打造成全方面的人才。其中对自己的创业能力进行评价是非常重要的环节。创业活动是由创业者主导和组织的商业冒险活动，它不仅需要创业者富有开拓新事业的激情和冒险精神、面对挫折和失败的勇气与坚韧，还需要具备解决和处理创业活动中各种挑战与问题的基本知识和技能。

（一）创业知识素养

创业知识是进行创业的基本要素。创业需要专业技术知识、经营管理知识和综合性知识。创业实践证明，良好的知识结构对于成功创业具有决定性的作用，创业者不仅要具备必要的专业知识，更要掌握必要的现代科学、艺术、哲学、伦理学、经济学、社会学、心理学、法学等综合性知识。

（二）创业人格品质素养

创业人格品质是创业行为的原动力和精神内核。在创业人格品质中，使命责任、创新能力、正直诚信等意识品质与创业成功息息相关。创业是开创性的事业，尤其是在困难和不利的情况下，人格品质魅力往往具有决定性的作用。

使命责任。使命感和责任心是驱动创业者勇往直前的力量之源。成功的创业者具有高度的使命感和强烈的责任意识，"修、齐、治、平"是成功人士的共同价值标准和行为准则。只有对自己、家庭、员工、投资人、顾客、供应商以及对社会拥有高度使命感和责任心的创业者，才可能赢得人们的信任、尊重和支持。

创新能力。创新能力是白手起家创业者的生命源泉。创新不仅仅是从无到有地创造某种产品和服务，更多的是在以往的基础上对原有产品和方式方法的改进。创业者的创新能力往往体现在技术、管理和营销上。从某种意义上来讲，创新能力就是不断反思追问的能力。创业本身就是一项创新活动，很多未知的不可预料的因素掺杂其间。创业就是开创一项事业，没有一种可以复制的模式让我们一劳永逸。一个新的管理理念或新开发的产品，往往会给创业者等带来惊人的回报。

正直诚信。正直诚信是创业者的必备素质，它体现了成功创业者的人格魅力：讲信誉，守承诺，言行一致，身体力行，胸襟广阔，厚人薄己，敢于承担责任，勇于自我否定，尊重人才，以人为本，倡导团队合作和学习，帮助团队成员获得成就感，坚持顾客价值、公司价值和社会价值的创造。具有良好的人格魅力，可以帮助创业者凝聚人心，鼓舞士气，赢得更多合作者的信任和支持。

（三）创业者技能素养

成功创业者不仅具备良好的知识结构、优良的人格品质，还必须掌握应对和处理创业现实问题的基本技能。一般来说，成功的创业者应具备以下基本能力。

分析决策能力。只有在进行深刻的科学分析的基础上，才能做出正确的创业决定。分析问题的能力主要表现为三点：一要做有心人，平时多进行市场调查，在调查的基础上进行决策；二要养成多思考的习惯，对可能出现的结果进行分析，同时准备好应对的措施；三要向同行学习，集思广益。决策能力是各种综合能力的体现，它包括前瞻性、全局性、果断性、正确性等内容。具体表现为三方面：一是选择最佳方案的决策能力，二是风险决策能力,三是当机立断的决策魄力。

沟通协调能力。创业团队成员之间以及创业者与其他利益相关者建立信任是进行有效合作的基础,有效沟通是产生信任、凝聚共识、消除误解的重要手段。尤其对企业内部的有效协调,能及时化解冲突,明确责任,协调行动。良好的沟通协调能力及影响力是形成共同愿景、集中意志、步调一致的重要保证。

组建团队的能力。一项针对创业者能力的研究报告指出,组成团队与管理团队是成功创业者需要具备的主要能力之一。一个企业需要细致的"内管家"、活跃的"外交家"、战略的"设计师"、执行的"工程师"和发散思维的"开拓者";需要技术研发、市场开拓和财务管理等方方面面的人才。工作分工不同,需要不同个性的人才。创业者既要能够把不同专长、不同性格的人凝聚到一起,更要能够让他们在一起融洽地工作,组成优势互补的创业团队,形成协同优势。

上述创业素养只是创业者素质能力要求的基本方面。一个创业者,具备基本的能力只是第一步。在知识经济时代,面对快速变化的竞争环境,人人都存在个人能力不足和专业知识限制的弊端,需要招贤纳士,团结起来,组建一支优秀的、高效的、一流的创业团队。

二、组建创业团队

案 例

难以成长的企业

创业之前,我是一个图片社的文员,因为关注时尚,对服装有着独特的理解。一次,我帮开服装店的同学设计与修改了一批样式陈旧的衬裙,赚了5000多元。这件事让我很兴奋。回家考虑了很久,我决定辞职,自己创业。这5000多元也成了我的创业资本。起初,我只是从同学的店中拿他积压的服装修改,可是,不久我就发现,他的小店虽然生意火爆,但销售量依然有限,我需要提高销售量才能赚取尽可能多的利润。于是,我开始跑批发市场,并且以极低的批发价格购买款式陈旧的服装进行"再创作"。因此,我租了一间平房,购置了3台缝纫机,同时聘请了3个熟练的缝纫工人,一个小服装作坊就这样开办了起来。

我的服装在市场上很受欢迎,每次刚刚拿到批发市场,就被各个摊主围住,很多订不上货的摊主甚至天天打来电话,央求我给他们再做一批。这让我信心大增。不到3个月,我已经赚到了将近6万元,于是,我开始惦记着扩大经营规模,又购置了10台缝纫机,增聘了10个缝纫工。

我很快就发现,由于生产量的增加,原来用来装饰服装的布头出现严重短缺,只好改成批量购进各式布匹,成本数十倍地增加了。但我想:只要销量增加了,就一定会有利润。

说实话,我一点儿都不懂管理,创业前每月连自己的收入支出管理都是一团糟。扩大生产后,每天繁重的设计任务压在身上,索性不去顾及财务管理了。在我的印象中,每天都在拿回大量的资金,每天都在赚钱,却从来没有注意自己每天也在消耗着大量的资金。

又是几个月过去了，我的产量一直在增加，销量也一路飙升，可账面资金不但没有增加，反而在慢慢减少。这时的作坊已经发展到 15 个工人了，每日的工作都排得满满的。因为大量的设计任务都需要我一个人负责，后来，我也只能将成本问题放下，先赶着出设计样，让工人制作。

到 2003 年"非典"时期，危机终于爆发了，当时服装市场的生意基本停顿。付清全部货款和工人的工资后，我惊呆了：除了赚到一仓库的旧款服装和零碎的面料外，我所剩无几。

资料来源：A5 创业网——网站运营——意外收获让我开始创业

本案例讲述了一位年轻人的创业过程，其中蕴含了深刻的哲理。创业是必须承担风险的创业者，通过捕捉商业机会，投入已有的技能知识，配置相关资源，创建新企业，为消费者提供产品和服务，为个人和社会创造价值与财富的过程。创业的本质是创业者整合资源、追逐机会的艰辛过程，也是创业团队学习与成长的过程。人是创业成功的第一要素，在创业中发挥核心作用。要想成功创业，创业者就必须具有良好的心理特质、必备的知识和技能，包括组建、维系和培育一支优秀的团队的能力。

现代风险资本的奠基人——乔治·多里奥认为："宁可考虑向有二流主意的一流人物投资，也不向有一流主意的二流人物投资。"确实，不是说拥有某项技术和知识就能够创业成功，创业不仅需要好的技术，更需要其他素质与能力。因此，创业者的素质与能力高低是创业成败的关键，包括创业知识素养、创业人格品质素养和创业技能素养。

一个新创企业的成长潜力，以及吸引私人资本和风险投资的能力与创业团队有密切的关系。20 世纪 60 年代，一项针对美国 104 家高科技企业创业的研究报告指出，在年销售额达到 500 万美元以上的高成长企业中，有 83.3%是以团队形式建立的；而在另外73 家停止经营的企业中，仅有 53.8%有数位创始人。另有一项关于美国"128 公路 100强"的调查显示：这些企业中成立 5 年的平均销售额为 1600 万美元，6～10 年的平均销售额达到 4900 万美元；而那些更为成熟的企业则可达到几亿美元，数字十分可观。这100 家企业中，70%有多位创始人。调查的 86 家中，有 38%的企业有 3 位以上的创始人，17%的企业创始人在 1 位以上，9%的企业创始人在 5 位以上。这说明了创业不是一个人可以顺利完成的事，需要团队的共同努力。

对于一个新创的企业来说，一定要谨慎地组建创业团队。创业团队的组建工作为创业搭建平台，是一项复杂而谨慎的工程。一堆沙子是松散的，可是它和水泥、石子、水混合后，比花岗岩还坚韧。同样，一个优秀的创业团队，会出现 1+1＞2 的效果。反之，团队不能形成合力，会影响到整个团队的创业成效，甚至导致创业项目的破产。首先，组建创业团队，应明确合理的目标，制订实际可行的计划，遵循人员互补匹配、职责明确等原则，用原则指导团队创建与管理的全过程，最终形成一个创业团队组织，组织结果又可以检验组建的原则和全过程，从而进行修正和完善。其次，要有效地管理团队，有异质性的个体结合成团队，不是简单地相加在一起，而是有序地组织在一起，明确成员所处的职位及职责，达到内部人职匹配、成员各司其职的目标。根据自己新创企业的性质，成立一个适合发展的团队，这样才能促进企业的发展。

三、搜寻和审查创业机会

案例

善 于 发 现

1960 年，郑裕彤组建周大福有限公司，并取得银行的贷款保证。这意味着，郑裕彤欲跳出传统金行的窠臼，向国内外的珠宝公司看齐。

郑裕彤在珠宝业界的杰作是"九九九九金"（99.99%），但真正为郑裕彤赢得"珠宝大王"称号的是钻石。虽然香港最早做钻石生意的不是郑裕彤，但钻石生意做得最大的是郑裕彤。

郑裕彤只接受过初等教育，只在旧式金辅中接受了一些职业训练，但这并没有成为他接受新事物的障碍。

郑裕彤除到同业的店铺"偷师取经"外，还关注国际珠宝饰品的流行款式。他发现，一些极有身份的西方女子，多佩戴钻石饰品，如项链、戒指、名表等。她们偶尔逛逛周大福金行，对琳琅满目的金银饰品并没有表现出特殊的兴趣。有时，她们也会拿几件小玩意儿走，说是带回去做小礼物送人。那副表情就像在露天市场买青菜萝卜。

她们住在世界一流的文华酒店和半岛酒店，这便是她们的身份标志。

有钱的西方贵妇人，早就不把黄金饰品当一回事，郑裕彤得出此番结论。

郑裕彤进而了解到，西方的著名珠宝公司都经销钻石饰品，也许销售额占不到公司的大头，但这是公司的信誉象征。正像一家名菜馆，连招牌菜都拿不出，何谈"出名"？

且不说钻石光彩夺目，它还是最佳的投资方式。郑裕彤根据金价的涨幅与银行利率对比，发现黄金的保值功能微乎其微。钻石资源比黄金资源更稀少，开采更困难。物以稀为贵，钻石价格的涨幅较黄金大很多，故在西方人眼里，谁拥有钻石，谁就拥有财富。

郑裕彤还看到，20 世纪 60 年代，香港经济已经开始起飞。就消费水平来看，洋华混杂的香港甚至已经跑到了日本的前面。要不了多久，香港人也会像西方人那样热衷于钻石，以拥有钻石为时髦，作为身份的标志。

郑裕彤看好钻石业务的巨大潜力，正确预测了钻石将代表珠宝消费的新潮流。经过一番努力，他获得了"珠宝大王"的称号。

资料来源：网易财经——周大福创始人郑裕彤：从"上门女婿"到千亿富豪

这个案例说明，做生意一定要有眼光，要看清什么东西在本行业中最具有潜质，什么东西是明日的主流，然后，抓住机遇，勇于开拓。郑裕彤从对客流的观察和分析中，树立了经营钻石是珠宝商实力标志的观念，能经营钻石本身是一种无言的广告，它使商店上档次，进而独领风骚。

由此可见，创业是从发现、把握、利用某个或某些创业机会开始的，发现、辨识与把握创业机会是创业成功的第一步。投资创业要善于抓住好机会，把握住每个稍纵即逝的投资创业机会，就等于成功了一半。

（一）搜寻创业机会

马云曾说："大家看不清的机会，才是真正的机会。创业最怕就是看不见，看不起，看不懂，跟不上。"机遇总喜欢光顾有准备的头脑。机会识别是创业的开端，也是创业的前提。对于一个新创业的人来说，只有搜寻到创业的机会，才能决定自己创业的方向，并且开始创业。搜寻创业机会，需要明确机会的来源。

（二）审查创业机会

不是所有的机会对创业者都有同等价值。因为创业者资源有限，不可能去追逐所面临的每一个机会，必须去选择那些回报潜力最大并有能力去利用和利用得好的机会。在选择创业机会的过程中，需考虑以下因素：①机会的大小；②需要多少投资；③回报；④风险。这几个因素只有在相互联系中才有意义。例如，风险只有在与回报的联系中才能为决策提供依据。如同投资者一样，一个企业只有当一个机会代表着它未来不得不投资的最佳选择时，才会发现这个机会有吸引力。各种机会必须相互竞争以获得企业有价值的资源。在考虑成本时，成本不如机会成本重要，即重要的不是实际利用资源的成本，而是潜在的回报与损失。

四、制订创业计划

马云说，"孙正义跟我有同一个观点：一个方案是一流的 idea（想法）加三流的实施，另外一个方案是一流的实施加三流的 idea，我俩同时选择后者。"

当你选定了创业目标，在人力、资金、技术、信息、市场等方面都已经有准备时，就必须提出一份完整的创业计划。创业计划是整个创业过程的重要一环，它能帮助创业者客观地分析创业的主要影响因素，使创业者保持清醒的头脑；一项比较完善的创业计划，可以成为创业者的创业指南或行动大纲；它不仅让创业者明白自己的创业内容，坚定创业目标，而且兼具说服他人的功用。从这个意义上讲，一份优秀的创业计划是创业者吸引资金的"敲门砖"和"通行证"。

> **案　例**
>
> ### "新天烘焙"蛋糕店的创业计划
>
> 在浙江省绍兴市新建北路 5 号，有家"新天烘焙"蛋糕店，与其他蛋糕店有所不同，这家店不仅宽敞明亮，而且在店铺的一角摆放着一张圆桌、两张凳子，桌上还放着几本杂志，有点休闲吧的味道。这家与众不同的蛋糕店的主人，是浙江大学城市学院工商管理专业 2006 届毕业生陶立群。陶立群毕业后自主创业，已拥有 5 家蛋糕连锁店和一家加工厂，成为绍兴市小有名气的创业青年，被评为绍兴市"创业之星"。2006 年 6 月，陶立群从浙江大学城市学院工商管理专业毕业时，决定开个蛋糕店。他做出这个决定并不是盲目的——大学期间，他经营过校内休闲吧、小餐厅，都做得不错。曾做过"元祖蛋糕"代理的他，对蛋糕市场有所了解，觉得能在这一行闯出一片天地。虽然父母极力反对，但陶立群认准了这条路，决意走下去。2006 年夏天，他白天顶着烈日逛绍兴市区大

大小小的蛋糕店，看门道，想问题，晚上躲在房间里查资料，了解市场行情。他还跑到杭州、上海等大城市做蛋糕市场的调查和创业计划的可行性分析。

陶立群的调查有不小的收获：绍兴当时只有"亚都""元祖"两家知名品牌蛋糕店，其余的都是本地小蛋糕店，中高档品牌蛋糕市场相对空缺，而且当时绍兴还没有一家蛋糕店的糕点是现卖现烤的。陶立群的创业梦想定位在打造本地中高档蛋糕品牌上。

两个多月后，当满满 9 页的"新天烘焙蛋糕店可行性策划书"放在父母面前时，陶立群的父母被感动了，他们拿出积蓄支持儿子创业。2006 年底，第一家"新天烘焙"蛋糕店在绍兴市新建北路 5 号正式开张，陶立群做起了小老板。他将店面分成两部分，前半部分是自选式的透明橱窗，便于顾客自行挑选；后半部分则用来加工糕点，现做现卖。

起早摸黑，对在创业之初的陶立群来说是常事。为节约成本，采购、运货等工作都是陶立群一个人做。优质的用料、独特的口味、有人情味的服务很快使蛋糕店赢得了消费者的喜爱。2007 年 5 月、10 月，陶立群先后开起第二、第三家连锁店。2008 年 9 月，又有两家新店在市区开张。

资料来源：中国连锁网——看大学生如何连开五家甜品加盟店

创业计划是创业者拟订的书面计划，描写创业的条件、过程和前景。创业计划是在大量的市场调查分析的基础上制订出来的，有专业性和技巧性特征，因而往往需要在有关专家的指导下完成。创业计划虽然不能确保创业成功，但一个好的创业计划可以有效地指导创业活动，减少和避免无效与错误的行为，提高成功的概率。创业计划反映了企业的需要和要求，没有一个统一的格式和体制来规定其形式及内容。创业者和创业团队都有自己的偏好，所包含的信息取决于企业所处的阶段，一个新创企业的创业计划要比已建立的企业年度计划更加全面。一位投资家曾经说过："企业邀人投资或加盟，双方各有打算，仅靠空口许诺是无济于事的。"对于正在寻求资金的创业者来说，创业计划的好坏往往决定了融资的成败。

一个比较全面的新创企业的创业计划主要包括市场环境、企业介绍、资源需求、营销计划、组织计划和财务计划。

以下创业计划大纲是由美国风险企业发起公司（Venture Founders Corporation）的伦纳德·E. 斯穆林（Leonart. E. Smol len）等开发的用于指导创业计划撰写和评价创业计划的一个指南，可以作为创业者制订和评价创业计划的参考。

（一）概述

- 经营业务介绍
- 机会和战略
- 目标市场及其预测
- 竞争优势
- 经济性、营利性和回报潜力
- 团队
- 股权安排

（二）行业、公司及其产品或服务

- 行业
- 公司和公司理念
- 产品或服务
- 进入和增长战略

（三）市场研究和分析

- 顾客
- 市场规模和趋势
- 竞争和竞争者优势
- 估计的市场份额与销量
- 市场评价

（四）企业的经济性

- 总收益和经营收益
- 利润潜力和持久能力
- 固定成本、变动成本和半变动成本
- 达到盈亏平衡的时间（月）
- 达到正现金流的时间（周）

（五）市场营销计划

- 整体市场营销战略
- 定价策略
- 销售策略
- 服务和担保政策
- 广告和促销
- 渠道

（六）设计和开发计划

- 开发的地位和任务
- 困难和风险
- 产品改进和新产品
- 开发成本
- 优先考虑的问题

（七）生产和运营计划

- 运营区域
- 地理位置

- 设施和改进
- 战略和计划
- 法律法规问题

（八）管理团队

- 组织
- 关键的管理人员
- 管理报酬和所有权
- 雇佣和其他协议、持股计划和资金计划
- 董事会
- 其他股权，权利和限制
- 支持性专业顾问及所提供的服务

（九）总体进度表

- 收入来源
- 收支平衡点和正现金流
- 市场份额
- 产品开发介绍
- 主要合作伙伴
- 融资方案

（十）重要的风险、问题和假设

- 关键的风险分析（财务、技术、市场、管理、竞争、资金撤出、政策等风险）
- 说明将如何应付或规避风险和问题（应急计划）

（十一）财务计划

- 实际的损益表和资产负债表
- 预估的损益表
- 预估的资产负债表
- 预估的现金流量分析
- 盈亏平衡表及其计算
- 成本控制
- 重点

（十二）预期的公司回报

- 期望的融资
- 股权安排
- 资本化
- 资金的使用

· 投资者回报

（十三）附录

五、新创企业的融资

什么是融资？什么是融资渠道？关于这两个问题的解答，就是对创业过程中资金问题的解答。创办新企业最难的就是筹集资金，资金是企业起步的重要支撑力量。

案　例

郑海涛的创业融资

2000年，郑海涛带着自筹的100万元资金，在中关村创办以生产数字电视设备为主的北京数码视讯科技有限公司（以下简称"数码视讯"）。公司创立之初，郑海涛将全部资金投入研究开发。不料，2001年互联网泡沫破灭，投资形势急转直下，100万元的资金很快用光，而后续资金还没着落。此时，郑海涛只得亲自捧着周密的商业计划书，四处寻找投资商，一连找了20家都吃了闭门羹。2001年4月，公司研制的新产品终于问世，第一笔风险投资也因此有了着落。清华创业园、上海运时投资和一些个人投资者共投260万元人民币。这笔资金对公司十分重要，但没有现实的产品在当时的情况下休想拿到合理的风险投资，公司凭借的就是过硬的技术和领先的产品。2001年7月，公司获得国家广播电影电视总局颁发的入网证，随后清华科技园、中国信托投资公司、宁夏金蚨创业投资公司又对数码视讯投了450万元人民币。

拿到第二笔投资之后，公司走上了快速发展之路。此后，公司产品进入了29个省、市，2002年营利达730万元。随着公司知名度不断提高，公司获得的资金支持越来越多，上市的步伐也越来越快了。

资料来源：中国经营报——孵化器里孵出行业老大

创业最困难的是什么，就是筹到所需的资金。郑海涛在创业之初选择的融资方式是自筹资金，但是很快就发现不够用。这时，他不得不寻求另一种融资渠道——创业投资公司的帮助。由于产品还没有生产出来，存在许多不确定因素，所以，大部分创业投资公司没有投入资金。到了产品生产出来以后，公司才获得第一笔风险投资，在产品获得了原国家广播电影电视总局认可后，信息不确定性因素减少，很快就获得了原第二笔投资，公司也因此走上了快速发展之路。

资金不足是新创企业生存和发展的主要障碍，创办新企业最难的就是筹集资金。新创企业融资是指创业者为创建企业进行资金筹集和运用的经济活动。新创企业的新生性导致的成长劣势或弱势，使其创业融资相较于成熟企业有其自身的特点，主要表现在其融资来源和融资方式上。

（一）新创企业融资来源

在新创企业创建初期，企业的规模一般都较小，而且由于没有业务历史和信用记录，又缺乏相关的财务审计，信息无法有效传达到外部，因而其获得外源融资的可能性很低，很少有风险投资和外部私人投资者介入，创建期资金一般来源于自有资金。然而，由于新创企业的特点，尤其是新创企业在创建阶段对资金需求量大，企业自身所有资金往往无法完全满足企业的需求，而通过外部经济主体进行融资很困难，资金短缺已然成为新创企业创建和成长过程中最大的瓶颈。

通过对融资渠道和经济增长关系的研究发现，新创企业有四个重要的融资来源，分别是银行、企业自有基金筹集、政府预算支出和外国企业的直接投资。其中，自有基金筹集是新创企业最重要的融资来源，特别是在企业创建时期，自有基金筹集是企业的主要融资来源，占新创企业融资需求总额的 60%左右，主要包括从当地政府或各种社会团体筹集资金、寻求其他的投资者以及内源融资渠道。

（二）新创企业融资方式

新创企业多数使用权益和债务组合进行融资。在创业初期，新创企业资产规模较小、财务信息不透明、无形资产比例高、市场不明朗等制约因素，导致信用担保能力较弱，难以取得外部投资者的信任，使得新创企业在融资方式选择上更多地依赖于内源融资。即使选择了外源融资，新创企业往往也是选择债务融资作为外源融资方式，主要是亲朋借款和少数来自银行等金融机构的贷款，因此其融资的整体情况具有短期贷款的一些特征，如资金规模小、借款次数频繁且流动性强。

贸易信用和租赁在中国南方运用较多，其融资成本低于银行信贷。在温州和晋江一带，中小企业的外部融资中有较多是依靠贸易信贷获得的。随着我国政府扶持创业政策的出台，银行开始提供知识产权担保融资方式，但主要面向科技型新创企业，而且企业与银行之间的信息不对称，同样导致逆向选择和道德风险问题。因此，新创企业有必要主动与金融机构建立联系，成熟而持久的银企关系有利于新创企业未来获取融资。

就大学生而言，学生创业融资的主要渠道有以下几个方面。

1．内源融资

内源融资主要是指亲情融资。由于学生刚毕业，涉世不深，缺乏经验和人际关系网络，而且创业的首笔资金数额一般不会很大，所以向亲友借钱是个人筹集创业启动资金最常见、最简单、最有效的方式。这种融资方式因为有感情因素，所以基本不存在中途撤资的风险，而且一般都是一次性支付。其突出的优点在于筹资成本很低，一般没有利息支出或仅仅为低利息支出，同时也不需要信用记录或抵押。尽管从亲友那里获得资金较为容易，但也有其缺陷。创业者应全面考虑投资的正负面影响，以公事公办的态度将通过亲情融资取得的资金细节进行整理，并最后形成一份正规的协议。如果创业出现问题，无法按时还款，可能会伤及双方感情，以后再借很难。所以，选择这种融资方法的创业者，在筹资时应向亲友说明创业计划的可行性与预期收益以及潜在风险，争取让其明白是投资所用。

2．外源融资

（1）政策基金。近年来，我国各级政府和社会组织设立了学生创业基金，为学生创业者提供资金帮助。这种基金融资一般分贷款和入股两种形式。其中贷款需要承担还款压力，而入股则需要考虑股份的分配和公司控制权的占有率问题。它们都具有资金链稳定和筹资成本较低的优点，但是这种融资一般金额较大，而且可能对公司的实际控制权产生影响，对于初创业的学生并不是十分适宜。

（2）银行贷款。银行贷款被誉为创业融资的"蓄水池"，在创业者中很有"群众基础"。它可进一步细分为担保贷款、抵押贷款、信用贷款、创业贷款等。但很显然，初出茅庐的学生既没有可靠的担保人或担保机构，也没有贵重的抵押物，更不存在优质的商业信用，因此对于学生创业者来说，前三种贷款方式形同虚设，唯一可以考虑的就是创业贷款。创业贷款是银行近年来推出的一项新业务，凡是被认定为具有一定生产经营能力的个人，因创业需要均可申请。这种贷款不仅利率较低，而且有的地区有一定的补贴，一旦申请成功，创业者即可享受较为优厚的条件。但是其门槛很高，对申请企业的要求很严苛。这对于学生创业者来说，无疑是一个大难题。因此，想要获得创业贷款，必须有一个严密可行的创业计划，充分考虑还款压力和还款时间与企业预计经营状况的关系，确定贷款金额。另外，创业者要做好打"持久战"的准备，因为申请贷款还需要经过工商管理部门、税务部门、中介机构等许多关卡，手续烦琐，任何环节都不能出问题。

（3）合伙融资。如果新创企业是合伙形式的，那么就可以通过合资来获得企业的首笔资金。合作伙伴之间还可以实现优势互补，整合人脉资源，实现新创企业健康快速地发展。该种融资方式的风险存在于财务和管理两方面。因为合伙企业是无限责任制的，一旦公司出现危机，合伙人必须以全部财产按比例承担责任，这样的条件必然会让初出茅庐的学生望而生畏。此外，合伙人之间的协调也十分重要。创业学生往往都是一腔热血，有自己的创业理念，这就导致合伙人之间很容易出现摩擦。因此，在合伙创业开始之前，创业者要与合作者将权利、义务以及如何经营，如何获取投资收益，如何区分工资所得与股东权益所得等一系列问题谈清楚。合伙融资最应该注意的是合伙人之间是否具有相互信任的基础，如果仅仅是因为资金缺乏而选择合伙，最有效的措施就是在合伙之前将所有可能发生的问题以法律合同的形式固定下来，以免发生不必要的麻烦。

（4）风险投资。风险投资起源于美国，一般是高科技企业赢得资本的方式。我国在风险投资方面还没有得到完善发展。相对于其他融资方式，风险投资具有手续简单、后继投资有保障、无担保、无还贷压力等优点。因此，风险投资往往成为学生创业初期的第一选择。风险投资在提供资金和增值服务的同时，将自己的技术、管理、营销等理念注入学生企业当中，为企业提供一种完善治理的机制，有效推动学生企业健康快速发展。与一般投资相比，风险投资具有高风险与高回报的特征。所谓高风险，是因为风险投资的项目中只有30%是成功的，风险投资商需要靠30%项目的收益来弥补70%项目的损失并获利。所谓高回报，就是风险投资商追求短时期内的高回报率，其对年回报率在25%以下的项目一般不会考虑。风险投资商多关注以高新技术为基础，生产与经营技术密集型产品的投资，如IT、药业、电子产品制造业等。风险投资的着眼点不在于投资对象当前的盈亏，而在于它们的发展前景，以便通过上市或出售取得高额回报。它是一种流动性较小的中长期投资。创业者往往在创业初期投入资金，经过3～7年才能渐渐取得收益。投资人并不以在某个行业获得强有力的竞争地位为最终目标，而是把它作为一种实现超额回报的手段。创办高新技术企业的学生是否能争取到风险投资基金的青睐，主要取决于个人的信用保证以及项目的发展前景。风险投资商除了关心创业者的技术，也同样关注创业者本人的素质和新创企业的盈利模式。有这方面意向的学生可以通过创业大赛、委托专门的风险投资公司、在网上或其他媒体发布寻资信息，以寻找投资人。此外，还可以参加创业培训班，在老师的帮助下通过制订科学严谨、可行性强的"创业计划书"来说服风险投资者。

（5）私募融资。私募融资是指不采用公开方式，而通过私下与特定的投资人或债务人商谈，以招标等方式筹集资金，形式多样，取决于当事人之间的约定，如向银行贷款、获得风险投资等。私募融资分为私募股权融资和私募债务融资。私募股权融资是指融资人通过协商、招标等非社会公开方式，向特定投资人出售股权进行的融资，包括股票发行以外的各种组建企业时股权筹资和随后的增资扩股。私募债务融资是指融资人通过协商、招标等非社会公开方式，向特定投资人出售债权进行的融资，包括债券发行以外的各种借款。这种融资方式虽然被大量采用，但是尚没有完全合法化，并且存在较大风险。例如：①顾客缺乏投融资所需要的会计、金融、法律、评估知识，对投融资服务机构没有鉴别能力。②部分投融资服务机构不负责任，收了顾客费用却不进行融资服务，对整个行业造成不良影响。这类投融资服务机构要求顾客预先支付费用以启动项目，融资失败也不退还，一旦融资失败，顾客很难承受，往往引起双方争执。③部分投融资服务机构的专业能力差、没有资源，从业人员素质不高，很难为顾客降低融资难度、策划较好的融资方案并实现融资。这类投资者要求顾客做商业计划书、评估，花费很多中介费后仍然未融到资金。

六、建立新创企业法律事务

有的人零资本创业，巧借别人的人力、物力、财力，白手打天下；有的人以小博大，通过独特的策划、完美的操作，四两拨千斤；有的人组建完美团队，整合组织智商，成就大业。例如，一提到苹果计算机的创立，人们马上会想到乔布斯。乔布斯的确是位充满魅力与远见的英雄人物，更重要的是他选择了同发明第一部个人计算机模型的斯蒂卡·沃兹尼亚克（Steve Wozniack）与负责贡献商业化知识并引进创业资金的麦克·马库拉（Mike Markkula）合作，创建"合伙企业"，从而组成了世界上独一无二的"精英团队"。这才是苹果计算机早期成功的关键。

案 例

创业应提前学习法律知识

在读大四时，秦亮通过熟人与中国联通上海分公司一级代理商上海美天通信工程设备有限公司（以下简称"美天公司"）取得联系，并得知美天公司正准备发展 CDMA 校园卡业务。秦亮认为可以发动老师同学购买，盈利几乎唾手可得。

由于美天公司要求必须同公司签订协议，秦亮和几个同学又发动父母成立公司。禁不住孩子们的恳求，三个下岗母亲在经济开发区注册了上海想云科技咨询公司（以下简称"想云公司"）。

2003年3月，秦亮和想云公司与美天公司签署了《CDMA校园卡集团用户销售协议书》，约定想云公司在秦亮所在大学捆绑销售CDMA手机及UIM卡，并约定想云公司对校园卡用户的资料真实性及改造协议承担保证责任，用户必须凭学生证或教师证购买，一人一台等。如果想云公司发展用户不真实，美天公司有权停机，想云公司承担不合格用户的全部欠费。

在同学及老师的帮助下，秦亮的"生意"一下子就红火起来。秦亮一共发展了4196名用户，按照与美天公司的协议，秦亮和想云公司可得到10余万元的回报。

但是美天公司刚支付秦亮2万元后，2003年12月联通公司发现想云公司递交的几百名用户资料虚假，有一部分根本不是校园用户，还有冒用别人身份证的现象，造成了大量欠费。

美天公司为此赔偿联通公司442户不良用户的欠费52万余元，联通公司还扣减美天公司406部虚假用户和不良用户的手机补贴款共36万余元。

美天公司将想云公司及秦亮起诉到法院，要求对方承担上述赔偿款项，并赔偿美天公司406部虚假、不良用户手机的补贴差价6万元及未归还的手机价款15万余元和卡款5100元，总计约100万元。

法院一审认定秦亮借用想云公司的名义与美天公司签订销售协议，发动几十名学生、教师发展介绍用户，并有想云公司人员参与，故秦亮与想云公司共同承担100万元的赔偿责任。

和秦亮一起操作该业务的虽然还有很多人，但由于与美天公司的协议书上是秦亮的签名和想云公司公章，加上公司经营亏损，想云公司已被吊销营业执照，秦亮成了债务承担人。秦亮不服判决，上诉到中院要求改判。但是中院经审理后，维持了原判。秦亮不但一分钱没挣到，反而背上了100万元的债务。

资料来源：法网头条——大学生缺少法律意识 背债百万元

法律事务就是与法律相关的事务，或者需要法律知识处理的事务。创办新企业时必须建立完整有效的法律事务，才能保证企业健康有序地运行。新创企业的法律事务相当复杂，对创业者而言，最重要的是认识到这些问题并避免代价昂贵的失误。新企业的法律事务一般包括新创企业的法律形式和企业开业注册登记的流程。

（一）新创企业的法律形式

企业在设立之前，必须确定组织形式。在实际操作中，能供中小创业者选择的主要法律形式有个人独资企业、合伙企业、公司企业、个体工商户等。

1. 个人独资企业

个人独资企业是按照《中华人民共和国个人独资企业法》成立，由一个自然人投资，财产为投资人个人所有，投资人以其个人财产对企业债务承担无限责任的经济实体。作为一个自然人企业，投资人对于企业的经营风险负无限连带责任。根据《中华人民共和国个人独资企业法》的规定，设立个人独资企业应当具备五个条件。其一，投资人为一个自然人，法律、行政法规禁止从事营利性活动的人，不得作为投资人申请设立个人独资企业。其二，有合法的企业名称。其三，有投资人申报的出资。其四，有固定的生产经营场所和必要的生产经营条件。其五，有必要的从业人员。企业由一个人拥有和经营，其优点是，企业设立、转让和解散等手续非常简便；企业所有者独自经营，在技术和经营方面易于保密；经营方式灵活性强，特别适合个体创办的小企业、小公司。个人独资企业的所有者承担无限责任，当企业财产不足以清偿债务时，企业将依法承担无限责任，必须以其个人的其他财产予以清偿，因此经营风险较大。

2. 合伙企业

合伙企业是由各合伙人订立合伙协议，共同出资、合伙经营、共享收益、共担风险，并对合伙企业债务承担无限连带责任的营利性组织。根据法律规定，设立合伙企业应当具备五个条件。其一，有两个以上的合伙人，且都是依法承担无限责任者。根据《中华人民共和国合伙企业法》的规定，国家公务员，机关、学校、医院、部队等机构的人员不得成为合伙企业的合伙人。其二，有书面的合伙协议。其三，有各合伙人实际缴付的出资。其四，有合伙企业的名称，合伙企业在其名称中不得使用"有限"或者"有限责任"字样。其五，有经营场所和从事合伙经营的必要条件。合伙企业的优势是，可以实现资源互补，扩大企业的信用能力，而且没有注册资本的要求，但合伙人需要承担无限责任。也就是说，一旦合伙企业出了事，合伙人需要用自己的出资和全部的家庭财产来负责。合伙企业是一种很好的创业组织形式，特别是在专业服务领域中，大多是创建合伙企业。

3. 公司企业

按照《中华人民共和国公司法》（以下简称《公司法》），公司是指在中国境内设立的有限责任公司和股份有限公司，二者都是企业法人。

（1）有限责任公司，是指股东以其认缴的出资额为限对公司承担责任，公司以其全部资产对公司的债务承担责任的企业法人。根据法律规定，有限责任公司的设立应当具备以下条件：股东符合法定人数；股东出资达到法定资本最低限额；股东共同制定公司章程；有公司名称和符合有限责任公司要求的组织机构以及有公司住所。

（2）股份有限公司，是指公司的全部资本为等额股份，股东以其所持股份为限对公司承担责任，公司以其全部资产对公司的债务承担责任的企业法人。设立股份有限公司应当具备以下条件：发起人符合法定人数；发起人认缴和社会公开募集的股份达到法定最低限额；股份发行、筹办事项符合法律规定；发起人制定公司章程并经创立大会通过；有公司名称和符合股份有限公司要求的组织机构以及有固定生产经营场所和必要的生产经营条件。

4. 个体工商户

个体工商户也是创业者可以选择的一种企业形式。一般来说，法律对个体工商户的规定比较少，要求也比较简单，注册无资金要求，门槛较低，这是它的好处。不利的地方在于信用低，一旦涉及较大的买卖，顾客可能因为你是个体工商户而退缩。再就是风险大，因为个体工商户在法律上承担的是无限责任。所以，个体工商户更适合于小型零售等业态。

每种企业形式都有自己的利弊，有其适应的对象和存在的领域。不同的企业形式有不同的法律上的选择点，有的偏重于信用，有的偏重于责任，有的偏重于资本的流转性，有的偏重于控制的方便，有的偏重于合作的方便。创业者应根据自身业务特点，结合不同组织形式之间的长处，找到适合的企业形式，利用其来有效回避自己的缺陷，发挥自己的资源优势。

（二）新创企业开业注册登记的流程

设立企业从事经营活动，必须到工商行政管理部门办理登记手续，领取营业执照，如果从事特定行业的经营活动，还需事先取得相关主管部门的批准文件。创业者需要了解《中华人民共和国企业登记管理条例》《中华人民共和国公司登记管理条例》等工商管理法规、规章。设立特定行业的企业，还有必要了解有关开发区、高科技园区、软件园区等方面的规定、规章及有关地方规定，这样有助于选择创业地点，以享受税收等优惠政策。

我国实行法定注册资本制，如果创业者不是以货币资金出资，而是以实物、知识产权等无形资产或股权、债权等出资，还需要了解有关出资、资产评估等法律规定。企业设立后，需要税务登记，需要会计人员处理财务，需要雇用员工等。新企业创业注册主要有以下环节。

1. 新企业名称设计

创业者在企业正式成立之前，必须进行企业名称设计，这是新创企业注册的第一步。企业名称，通常是该类产品某一企业的专有名称，是用文字形式表示一个企业区别于其他企业或组织的特定标志。企业名称一般由四部分依次组成：企业所在地行政区划名称、字号（商号）、行业（或经营）特点、组织形式，如中国东海化工股份有限公司。企业只准使用一个名称，在某一个工商行政管理局辖区内，冠以同一行政区划的企业不得与登记注册的同行业名称相同或近似。我国在公司登记工作中实行公司名称预先核准制。申请公司名称预先核准时，应由创建公司的代表或其委托的代表人向登记主管部门提出名称预先核准的申请，并提交如下文件。

（1）有限责任公司的全体股东或者股份公司的全体发起人签署的公司名称预先核准申请书。

（2）股东或发起人的法人资格证明或者自然人的身份证明。

（3）公司登记机关要求提交的其他文件。

设立股份有限公司，由全体发起人指定的代表或者共同委托的代理人向工商行政管理局申请名称预先核准；设立有限责任公司，由全体股东指定的代表或者共同委托的代理人向工商行政管理局申请名称预先核准。

注册资金。公司必须有充足的资金才能正常运营。股东没有出资，公司就不可能设立。

产品名称与品牌。产品名称和品牌的目的是传达信息，因此必须整洁准确，因为人在单位时间内所接受的信息量是极为有限的，人们在购买商品时能停留在每件商品上的时间只有零点几秒，而停留在名称上的时间则更短。只有易读、易记，才能高效发挥它们的识别功能和传播功能。所以，应当根据企业的经营、商品的特点以及社会心理的效应来为企业及商品选取一个有冲击力的名称。

名称应当是音、形、意的完美结合，应达到好认、好读、好记、好看、好听的要求，使之易于广泛传播。绝大多数知名度较高的企业和产品名称都是非常简洁的，这些名称多为2～3个音节，如海尔、美的等。

（4）地址选择。企业经营场所可能涉及办公楼、商场、厂房甚至仓库的选择，不同的经营场所选择的标准有所不同。

办公楼。不同类型的公司根据具体情况可选择不同大小、不同地段、不同楼层的办公场地。办公场地大小应根据办公人员多少、顾客情况和产品存放、陈列需要而定。

商场。如果需要设专柜或开专卖店、商店、饭店，那就需要物色合适的商场柜台或店面，由于不同的地段价格相差悬殊，所以应根据产品的特点选择。

厂房。工厂位置应根据产品特点、原料及产品运输、水电供应、废物排放、环保、消防、厂房质量、面积大小、地势高低等情况，综合分析，全面评估，慎重考虑。

仓库。仓库位置应根据产品特点、交通运输、库房质量、面积大小、地势高低、排水、消防等情况而定。

此外，一些开发区、产业园区、大学科技园等都为新创企业提供了很多的扶持和优惠政策，选址时应妥善利用这些优惠政策。

2. 新创企业工商注册的条件

新创企业，特别是中小企业、小微企业，大批海归以及学生创业企业，没有厂房、土地，没有足够的固定资产。但这些企业有智力、有创造性，它们代表着新兴的生产力方向。

高昂的创业成本往往会阻碍小微企业特别是创新型企业的成长步伐。为降低创业成本，激发社会投资活力，国家不断推进注册资本登记制度改革，从多方面入手创新公司登记制度，降低准入门槛。如放宽注册资本登记条件，除法律、法规另有规定外，取消有限责任公司最低注册资本3万元、一人有限责任公司最低注册资本10万元、股份有限公司最低注册资本500万元的限制；不再限制公司设立时股东（发起人）的首次出资比例和缴足出资的期限。

不同的经营实体注册要求有所不同，按照便捷高效、规范统一、宽进严管的原则，我国不断创新公司登记制度，如某地有限责任公司的注册需具有以下条件。

（1）股东符合法定人数。法定人数是指法定资格和所限人数两重含义。法定资格是指国家法律、法规和政策规定的可以作为股东的资格。所限人数是《公司法》规定的注册有限责任公司的股东人数。《公司法》将有限责任公司的股东限定为2个以上50个以下。一人有限公司为一个股东。

（2）注册资金。注册资金数额是企业法人经营管理的财产或者企业法人所有的财产的货币表现。

股东可以用货币出资，也可以用实物、工业产权、非专利技术、土地使用权作价出资，以工业产权、非专利技术作价出资的金额不得超过有限责任公司注册资本的20%，对国家采用高新技术成果有特别规定的除外。国家工商行政管理总局印发《〈关于以高新技术成果出资入股若干问题的规定〉的通知》（国科发政字〔1997〕326号）规定，以高新技术成果向有限责任公司出资入股，作价总金额可以超过公司注册资本的20%，但不得超过35%，作价金额超过公司注册资本20%的需报省级以上科技管理部门认定，方能到工商行政管理机关办理有关登记。

（3）股东共同制定章程。制定有限责任公司章程是设立公司的重要环节，公司章程由全体出资者在自愿协商的基础上制定，经全体出资者同意，股东应当在公司章程上签名、盖章。

（4）有公司名称，建立符合有限责任公司要求的组织机构。设立有限责任公司，除其名称应符合企业法人名称的一般性规定外，还必须在公司名称中标明"有限责任公司"或"有限公司"。建立符合有限责任公司要求的组织机构，是指有限责任公司组织机构的组成、产生、职权等符合《公司法》规定的要求。公司的组织机构一般是指股东会、董事会、监事会、经理或股东会、执行董事、1~2名监事、经理。股东人数较多，公司规模较大的适用前者，反之适用后者。

（5）有固定的生产经营场所和必要的生产经营条件。

3．新创企业注册步骤

（1）企业名称核查。注册一家新的公司首先得有公司名称，申请人一般需要提供5个左右的公司名称给工商部门进行核查，去工商局拿一份表格《企业名称预先核准申请书》，填完给所有股东进行签名确认，再由工商局人员经过系统审查有无重复的名字，如果没有，则工商局会给一份《企业名称预先核准通知书》（3个工作日）。

（2）提供相关资料。企业名称核查通过后，申请人就可以把事先已经准备好的，工商部门要求提供的资料都打包好交给工商部门，主要有公司章程、法人及股东身份证等，这些资料提交后工商部门还需要审核。

（3）申请营业执照。公司名称核查通过，提供的资料审核通过以后，就可以开始办申请营业执照的流程了，申请营业执照是要填相关表格的，并同时还要提供核查通过的通知书、公司章程、相关合同等，待工商部门再次进行审核。

（4）营业执照的领取。如果申请营业执照审核通过，就可以去工商部门领取2018年新版的营业执照的正副本了，现在的营业执照都是五证（工商营业执照、国税证、地税证、企业机构代码证、社会统一代码证）合一的。

（5）刻章、开基本账户。领取营业执照后，公司就可以带上相关证件和资料，去公安备案刻章，把公章和银行印签章都刻好备案后，就可以去银行开立公司的基本银行账户了，到此注册一家新公司的程序基本完成。

第三节　新创企业的发展

新创企业经过上述一系列的前期准备工作后就初步建立起来了，接下来的工作就是为新企业打开市场，使企业得以发展和运营。

一、新创企业的市场营销

案　例

"睡吧"创业

目前，在大城市，多数白领的上班地点离家有一到两个小时的路程。因此，很多人过着朝六晚八的生活，即早上6点钟起床，洗漱后挤公交、地铁到公司上班。下午5点下班，回到家已是八九点钟了。如果遇到单位加班，有时还要10点钟回家。所以，现在大城市白领整天疲于奔波，最缺乏的就是忙里偷闲地多休息一会儿，舒缓身心，养精蓄锐。当然，中午一般有休息时间，但单位一般是不可能放几张床让你休息的。在上海，在地铁、公共汽车上，经常可以看到有人趁坐车的时间打盹休息。一个来自哈尔滨的女孩小S到上海奋斗，在开发区工作，年薪10万元。后来小S发现了一个商机：她想开个小旅馆来满足白领午休的需求。她辞掉工作，开了一个只有8个房间的小旅馆，每间房每小时5元，并给小旅馆起名叫"睡吧"，专门给职场的那些身心疲惫、家离公司远的人提供午休的场所。

然而，最初的生意并不好，没钱的时候，父母给了小S很大的支持。经过不断努力，小S将"睡吧"改造成家庭卧室型的模式——素雅的窗帘，温暖的壁灯，床头柜上放置各种休闲杂志，可以戴上耳麦欣赏优美的音乐，等等。自此，她的生意渐渐就好起来，甚至"睡吧"的预订电话被打爆了。后来，她又借钱将"睡吧"扩展了200多平方米，并按配套设施分出高、中、低档，按不同价格收费。她还根据不同客人不同的上班时间给他们提供个性化的"催眠"服务。后来，有人找她合作投资。现在，"睡吧"以每年一家的速度发展。如今的她每年有100万元的收入进账。

资料来源：新华网——女白领弃年薪十万工作创业：投资睡觉业年入百万

小S创业成功的关键在于，一方面，她发现了目标市场，识别了真实需求，并且敢于去开发这种需求；另一方面，通过市场细分，设计出符合消费者群体的服务。其实，我们身边的需求很多，如果够勇敢，你就去尝试。你什么也不做，或许连现状也难维持。创业，等着你发现机会，创造成功。

（一）新创企业营销特征

新创企业通常资源比较匮乏，在开展营销活动时一定要清楚，首要任务是生存下来，并迅速积累资金。因此，新创企业不可能像成熟大企业那样依赖已有的经验法则、公式化的思维方式、重心放在营销策略的组合使用上为现有的市场服务，而必须积极整合各种资源，以超前的认知和行动，积极进行产品和市场的创新，并依赖创造性的营销手段迅速打开局面。因此，通过分析可以得出，新创企业的营销特征主要表现在以下几方面。

1. 新创企业营销的首要任务是生存

新创企业往往没有市场基础，也没有足够的现金流支撑其长线经营，这需要创业者在较短的时间内迅速打开市场，获得顾客认同，摆脱企业生存困境，从而也就使得其对市场份额的追求变得最为紧迫。

2. 新创企业营销的目标具有阶段性

新创企业营销的各个阶段，其目标和任务都不一样。成功的新创企业营销可能需要历经凝聚创业团队的项目创意营销阶段、吸引投资者关注的商业计划营销阶段、寻求市场认同的产品服务营销阶段以及塑造品牌形象的企业营销阶段等。

3. 新创企业营销以机会为导向

新企业内部资源有限，生存能力较差，外部环境的细微变化都可能决定企业的存亡。因此，新创企业的营销者不能受制于企业的资源，也不能拘泥于固定的思维模式，而应着眼于企业的未来发展机会，积极地探索新方法，以赢得顾客，并努力整合各种资源，以创新性的手段，最大限度地调动外部资源。

4. 新创企业营销更加注重关系

新创企业拥有较小的市场知名度，其营销者往往也就是创业者，并非营销专才，初期也没有专门的营销部门协助。因此，一些通行的营销法则和营销方案可能对于新创企业的适用性较弱。在实际营销过程中，创业者往往更依赖于亲戚朋友或企业战略联盟组成的网络关系来实施营销。

5. 新创企业营销策略灵活多变

新创企业营销的实施环境更为动荡，具有很大的不确定性，这也使得创业者的营销策略必须更加灵活。一方面，其灵活多变的特征有助于创业者积极发挥优势，促进企业快速成长；另一方面，营销策略既需要高度灵活，又需要内在一致，这自然也加大了实施的难度。

（二）新创企业的营销机理

新创企业营销的根本驱动因素是创业精神，是整个组织所表现出来的创业精神。

新创企业往往既缺乏资金，又缺乏商业经验，创业者所拥有的更多的是创业激情和对某种新产品或新技术的构想。要获得成功，除了勇气、勤奋和毅力外，还必须依赖于有效的创业营销来获得创业所需的各种资源。因此，新创企业营销，就是创业者凭借创业精神、创业团队、创业计划和创新成果，不拘泥于企业外部环境和内部条件的约束，获取企业生存发展所必需的各种资源，并通过创造性地整合机会、资源和顾客价值来驱动市场，取得具有挑战性的组织绩效的过程。

在竞争激烈的复杂市场环境中，新创企业面临残酷的生存危机，但也面对瞬息万变的市场机会。作为机会驱动者，新创企业首先应着眼于外部市场，而不是完全被自身内部所掌握的知识所驱动，也不应囿于当前的产品和服务。新创企业的营销者在认真审视内部条件和外部机会的时候，要有在一定程度上主动改善甚至改变外部环境的勇气，而不是一味地调整和适应，否则永远走不出竞争的"红海"。

创业精神驱动下的新创企业营销活动，应贯彻机会导向、超前行动、注重创新、理性冒险的创业精神，积极获取企业创业发展的各种资源，获得团队内部的共识、投资者的关注、市场的认可。

1. 机会导向

认知和探索机会是创业活动的基础，也是新创企业营销的核心维度。新创企业的营销者通过努力扩大当前顾客所能表达的需求以外的机会范畴，拓展产品和市场的边界，以规避现有市场的支配。

2. 超前行动

机会具有时效性，甚至稍纵即逝。新创企业的营销活动必须突出速度，善于抓住转瞬即逝的机会，并迅速扩大市场份额。

3. 注重创新

新创企业的产生过程就是一个创新的过程，唯有持续创新才能获得持续的竞争优势，这包括技术创新、组织创新、市场创新和管理创新。

4. 理性冒险

创业精神与理性冒险相联系。新创企业的营销者总是努力识别各种风险因素，并不一味地规避风险或使风险最小化，而是以理性的态度应对风险，果断地进行市场决策和采用各种促销手段来赢得市场。

新创企业营销既要通过动用各种手段获取实现创业机会的各种资源，又要有整合他人资源为营销目的服务的能力。价值创造是销售得以实现的先决条件。新创企业的营销者需要发现未被利用的顾客价值源泉，组织一切可能的资源来创造顾客价值。即新创企业通过创造性地有机整合机会、资源和顾客价值来驱动市场，取得具有挑战性的组织绩效。对于新创企业来说，组织绩效有财务绩效和非财务绩效，但首要的组织绩效指标显然还是企业具备足够的生存能力，然后才是不断改善的企业内部的文化、结构和资源条件，实现企业"由外而内"的不断成长。

（三）新创企业的营销管理

大多数情况下，一个新创企业成败的原因不是技术，而是营销。新创企业资源缺乏，之所以能启动往往是因为已有固定的顾客，产品可能并没有优势。这类企业在开发新顾客时会遇到困难。如果这些启动顾客成长迅速，企业可依靠这些顾客完成原始积累。但大多数企业是因为具有某项新技术或某种有特色的产品而起步，这类企业生存的基础是产品对顾客的吸引力。采取何种管理将技术或创意变为顾客愿意购买的产品，如何将产品实现大规模生产和销售，是新创企业面临的首要问题。以下结合新创企业的营销机理，从产品策略、顾客策略、扩张策略、广告策略、渠道策略等方面对营销管理进行分析。

1. 注重创新，精准定位

市场定位是新创企业营销管理的核心。扬己之长、避己之短是企业创业期制胜的关键。企业创立之初就要认真研究市场机会，拓展产品和市场的边界，从广阔的行业市场中寻找最适合的消费者群体，创新市场需求，从满足需求的角度去认识产品，创新产品价值，寻求自身特色和优势，采用利基市场战术（niche market）。大众化以及技术容易被仿造的产品不是小企业的优势，应选择开发满足顾客独特需求、顾客价值显著、效果立竿见影的产品或服务。同时，对于新创企业来说，必须清醒地认识到，有些产品可能高额回报、真正赚钱，也有些产品虽不赚钱，但可以赚名声。对于这两种产品不能有所偏废。

2. 精选顾客，稳打稳扎

中小企业没有资源"打大战役"，只能先攻下几个山头，有了根据地再说。不要试图一开始就建立全国性的营销网络。有了稳定的顾客，企业才能放开手脚去谋求更大的发展。一般要优先选择若干价值高、有实力、成长性好、行业影响大、地理位置优的顾客。要根据顾客特征对每一类顾客制定专门的销售策略，且要发挥集体的力量来制定策略，特别要听取有销售经验的业务员的建议。要树立以整个公司的力量和经验为顾客服务，而不是一个销售员自己去为顾客服务的销售观念。当然，在顾客的选择上，新创企业也应该区分识别：有些顾客是不能直接给你带来经济回报的，但却可以帮你打开行业的大门，让你积累行业经验和品牌；有些顾客虽然给你带来的利润不高，但采购需求真实，财务和市场状况良好，在经济萧条期仍然能支持你；有些顾客利润很高，但财务状况不良，风险较大。

3. 复制扩张，超前行动

新创企业的市场扩张既受经验和资源约束，又面临不得不超前行动、快速抢占市场的压力，因此要以理性冒险的原则稳步推进，通过先建立样板市场获取经验，再成功复制到其他区域市场的方式来开拓。这是因为：第一，处于创业期的企业资金实力等方面有限，不可能全面开花，应避免全面进入的风险；第二，便于摸索探讨成功的模式，总结成功的经验，进入新市场。在建立样板市场获得成功经验后，可以首先考虑复制到其他具备相似特征的区域市场，然后再逐步考虑进入异质市场。

4. 有效宣传，资源撬动

新创企业的绝大部分产品不为消费者认知，更谈不上企业被社会认知。如何利用现有资源使有限的广告费用变得切实有效是企业经营者面临的共同问题。这就需要营销者在有效使用广告费用的同时，能灵活运用各种广告宣传工具进行企业宣传，如开展事件营销，选择有实效的赞助方式，撰写软文，选择合适的媒体投放，充分发挥关系网络、互联网等各种资源的作用等。

5. 简化渠道，控制风险

新创企业应选择合适的渠道策略，建立科学的渠道政策。新创企业渠道的功能诉求有别于相对成熟的企业，应更关注信息传递、收集信息、树立形象、顾客服务的作用；渠道结构应尽可能扁平化，以减少产品流通环节，让利给消费者，提高产品价格竞争力；对于经销商的选择和管理应做到公平、公正，追求双赢，建立有效的考核体系和风险控制体系。

6. 内外营销，精炼队伍

无论是营销任务的推进还是渠道的构建，创业团队现有的能力是影响和制约其实施效果的重要因素。因此，必须开展有效的内部营销，凝聚队伍，寻求志同道合、能力互补的团队成员；外部营销上要注意培养企业良好的形象，获得广泛的社会认同。在搭建营销队伍的时候，不仅需要吸引有行业经验的专业人士，同时也需要拥有优秀的营销管理团队。创业活动具有高度的复杂性和动荡性，其本质在于机会导向、创造性的资源整合、价值创造、超前行动和创新与变革。因此，基于创业机会的成长性特点，与其对应的新创企业的营销活动也呈现出与成熟企业不一样的特征，变得更加关注企业的生存、机会导向和创新等。在这一前提下，新创企业的营销管理也形成了由创业精神驱动的，通过有机整合机会、资源和顾客价值来驱动市场，取得具有挑战性的组织绩效的"由外而内"的发展逻辑。在这种逻辑下，新创企业的营销策略也自然呈现出与成熟企业不一样的特点。

二、新创企业的成长管理

成长是事物从无序、低组织水平到高序、高组织水平的过程，即从低级逐步走向高级的过程。对于创业者来说，企业获得成长既是创业梦想的一部分又是实现梦想的基本前提。成长是令人激动和期盼的，但成长过程却充满艰辛，绝大多数企业在成长中壮志未酬。据调查，我国企业平均寿命只有3~4年，新创企业能活过5年的只有10%，超过10年的只有1%，其中幸运存活下来的还有许多是长不大的"盆景企业"。导致企业受挫的原因各不相同，所谓各家都有难念的经。但综合起来，不外乎创业项目选择不当，识别错了机会，创业团队分裂，商业模式无效以及成长扩张过快，资源（包括人力资源、资金）和组织管理匹配不上，造成失衡等。一句话，根本的问题还是管理能力问题。因此，为了实现创业梦想，促使企业健康成长，创业者应该把握企业成长的规律，根据企业成长在不同时期可能面对的挑战，提升企业管理能力，实现"百年老店"的理想。

（一）企业的成长战略

企业的成长是一个动态的过程，是通过创新、变革和强化管理等手段积蓄、整合并促使资源增值，进而追求企业持续发展的过程。

常见的企业成长战略分为单一化成长战略、一体化成长战略和多元化成长战略。

（1）单一化成长战略，集中生产单一产品或服务，以快于过去的增长速度来增加销售额，提高利润额或市场占有率。

（2）一体化成长战略，是指企业有目的地将相互联系密切的经营活动纳入企业体系中，组成一个统一的经济组织进行全盘控制和调配，以求共同发展的战略。一体化分为横向一体化、纵向一体化和混合一体化。其中，纵向一体化又分为前向一体化和后向一体化两种形式。

（3）多元化成长战略，也称为多样化或多角化战略，是企业为了获得最大的经济效益和长期稳定经营，开发有潜力的产品，或通过吸收、合并其他行业的企业，以充实系列产品结构，或者丰富产品组合结构的一种成长战略。多元化成长战略分为同心多角化战略、纵向多元化战略和复合多元化战略。需要说明的是，一体化成长战略着眼于集团整体的发展，而多元化成长战略着眼于产品结构的多样化。

（二）企业生命周期

企业的生命周期，是指企业诞生、成长、壮大、衰退，直至死亡的过程。根据对企业成长过程的考察，通常将企业的生命周期划分为孕育期、求生存期、高速成长期、成熟期、衰退期和蜕变期等阶段。其中的孕育期是指企业正式运营前的筹建阶段，一般持续时间较短，而且不具备正式运营条件，通常只有投入，没有产出。考虑到企业绩效评价的特点和实际应用性，我们认为孕育期不具有评价意义，因此在划分企业生命周期时将其省略。结合当代企业的发展特点，我们将企业生命周期划分为创立、扩张、成熟、整合和蜕变阶段。

1. 创立阶段

企业登记注册开始运营，即进入创立阶段。在创立阶段，企业面临生存的挑战，这使企业具有以下特征。

（1）实力较弱，依赖性强。企业创立阶段，资源匮乏，在市场上尚未站稳脚跟，需要各方面扶持。

（2）产品方向不稳定，转业率高，破产率高。有关资料表明，美国平均每年倒闭的20万家小企业中，55%是开业不到5年的新企业。

（3）创新精神强。企业不仅能提供满足市场需要的创新产品和服务，而且还拥有灵活多变的经营策略。

（4）管理不规范，管理水平较低，经常是无章可循和有章不循的现象同时存在。

（5）财务方面通常表现为净现金流量为负值，投入大，收益少，现金入不敷出，而且企业对现金收支预测和控制能力往往较低。

2. 扩张阶段

企业创立后若能生存下来，并获得相应发展，一般就会进入扩张阶段。扩张阶段是企业发展的关键时期：一方面，企业的战略重点发生了转移，由生存转向争夺发展机会和资源；另一方面，企业的决策者要保持清醒的头脑，客观评价企业实力，避免因盲目扩张使企业陷入困境。企业在这一发展阶段具有以下主要特征。

（1）企业进入扩张阶段，生存问题已基本解决，这时企业具有较强的活力及相应的发展实力，所以通常发展速度快，波动小。处于此阶段的企业在资金、人员数量、技术水平方面都较创立阶段有显著提高，但对资源的管理和利用成为企业面临的新问题。

（2）企业形成自己的主导产品，其销售额往往占到总销售收入的70%以上。企业转业率降低。据日本专家分析，处于扩张阶段的企业，其转业率要比创立阶段低60%以上。

（3）企业专业化水平提高，并且企业开始注重发展与其他企业的联合关系，使企业之间的协作能力有所加强。

（4）在创立阶段形成的企业经营系统，往往不适应扩张阶段规模放大后的压力，甚至面临崩溃的危险。

（5）在财务方面，企业表现为投入较大，收入也颇丰，现金流可正可负。此时企业为扩大经营，往往选择举债发展。因此保证偿债能力是企业借款、发展的关键。

3．成熟阶段

经过扩张阶段的发展后，企业步入成熟阶段，它表现出来的特征主要有以下几点。

（1）随着企业规模的扩大，其发展逐步由外延式转向内涵式，由粗放经营转为集约经营。这使得企业的发展速度减慢，甚至出现停滞发展的现象，但是企业收效没有下降，往往有所上升。

（2）在企业规模扩大的同时，管理变得越来越复杂，对企业管理正规化、科学化的呼声日益提高。

（3）企业在多年经营中提高了产品知名度，形成了自己的特色产品，甚至名牌产品。为了进一步规避经营风险，企业通常会选择向多元化方向发展，即产品由单一化转为多样化。这进一步提高了对企业筹资和投资能力的要求。

（4）经过多年的经营，企业已逐渐形成自己的经营理念，培养出具有本企业特点的企业精神，创出了企业名牌，在公众中树立起良好的形象。

4．整合阶段

此阶段企业有以下主要特征。

（1）经营业务逐步向多样化方向发展，企业可能会同时存在三个层面的业务。第一层面是企业的核心业务，即能够让顾客直接将其与企业的名字相联系的业务。这些业务通常能为企业带来大部分利润和流动现金，且与企业近期业绩关系重大。虽然它们可能还有增长潜能，但终将耗尽余力，衰落下去。第二层面是正在崛起的业务。这些业务具有快速发展、创业性和高成长性的特征。企业往往对第二层面业务的发展投入巨资，保持其快速增长，以使其在不久的将来发展为第一层面业务。第三层面包含了明天业务即未来更长远的业务。这些项目可能是研究课题、市场试点、少量投资的尝试和为加深对行业了解所做的努力。企业开展大量的第三层面业务的目的是确保将来有足够的优秀业务发展到第二层面，直至第一层面。这三个层面业务互相协调，共存于企业当中。

（2）随着企业逐渐向集团化方向发展，经营单位日益增多。公司原有的集权式管理方式越来越不适用于集团公司的管理，因此分权分配的程度成为企业管理的焦点。

（3）股东和利益相关者越来越关注企业能为他们带来的收益，而不是企业规模的再度扩大，因此最大限度地创造企业价值将成为他们对企业的要求。

5．蜕变阶段

企业进入蜕变阶段，存在以下两种前途。

第一种是衰亡。企业在成长的各个阶段都会因为各种原因而破产，使企业消亡，但是这种破产只能算"夭折"；而进入蜕变阶段之后的破产是企业机体老化而引起的，所以称为衰亡。

第二种是复苏。如同某些昆虫的蜕变一样，企业的复苏是改变了形体而继续存活下去。

第九章 企业再造与创业

第一节 企业再造

案例

台湾宏基集团企业再造

一、宏基再造的背景

台湾宏基集团（以下简称"宏基"）于 1976 年成立，主要从事计算机硬件产品的制造与营销，发展至今，已成长为国际化的高科技企业集团，是台湾最大的自创品牌厂商、全球第七大个人计算机公司。1986 年，宏基开始积极进入国际化经营阶段，实行了"龙腾国际"计划。该计划期望达到的目标是以过去的经验为基础、按照往年的成长幅度制订的。例如，人力资源增长 20%，生产能力增长 15%。但是，该计划刚实施就遭遇了产业变革。当时，生产能力每年提高 15%已无法生存，必须提高 2～3 倍才能和同行业企业竞争。因此，按照旧结构所规划出来的扩张计划，方向是对的，但目标和模式是错误的，计划的执行造成人员过剩、效率递减、决策与新产品推出速度缓慢，导致成本偏高，公司运作开始进入非良性循环，竞争力也开始衰退。

就在问题逐渐酝酿、尚未出现明显征兆的时候，宏基电脑（集团核心企业）股票发行上市。由于恰逢台湾股市飙涨，宏基的投资决策变得大胆而不缜密。1990 年，宏基以 9400 万美元购并了美国高图斯（Altos）公司，后来的结果表明，这桩购并行为是宏基最为失败的投资案之一。当初购并高图斯的目的，在于获取其所掌握的迷你计算机技术能力，以及利用其在欧美的较为完善的国际化经营网络，从而提高产品的附加价值，增强企业国际竞争能力。但是，当购并发生之后，整个计算机产业的主流已经从原来的大型计算机、迷你计算机转向个人计算机。因此，宏基购并高图斯的主要目的并未实现。而且，因为采取 100%的购并方式，导致了严重的"消化不良"。高图斯公司原有的员工难以及时融入宏基的企业文化，双方沟通起来非常困难。而且，由于支付这些员工工资的费用极为高昂，1991 年宏基在美国与欧洲的公司同时出现大量亏损，使原本已有组织膨胀问题的台湾总部更加重了经营的困难，背上了快速成长所带来的沉重包袱。严峻的局面使宏基产生了再造工程的迫切要求。

二、宏基集团再造的策略

宏基实施再造工程采取了三项具有创造性的策略：一是以速食店（快餐店）模式进行流程和经营方式再造；二是采用"主从架构"（Client-service）进行组织结构再造；三是以"全球品牌，结合地缘"为新的经营哲学，进行经营理念再造。

（一）速食店模式

所谓"速食店模式"，就是将原来在台湾生产计算机整机，转变为在台湾生产主机板、外壳装置、监视器等组件，卖给其海外事业单位（海外子公司），在市场当地组装，向市场提供最新的计算机，加快新产品推出与库存周转速度。

1990年，为了打入美国市场，宏基启用了新品牌"ACROS"，但是由于已有类似的商标先行在台湾注册，宏基无法在台湾生产"ACROS"品牌的整机，只能在台湾生产半成品，再运到美国去装外壳、贴标签。这是宏基最早"当地组装"的雏形。由于有了这个起步，宏基便根据各种组件的特质，将其分为几个类别：①机种变化性不大的组件，如外装、电源供应器与软盘驱动器等。②集团自己供应、市场变化快速的主机板。③市场变化迅速、必须向外采购的产品，如微处理器、硬盘驱动器等。分门别类之后，便建立不同的供料与库存管理：①第一类部件因为变化性不大，风险很低，以海运补给即可。②为保证及时提供新产品，主机板采用空运供应，缺什么机种立刻补什么货，降低库存折旧的风险。③同样是速度的考虑，硬盘驱动器与微处理器由海外事业单位在当地就近采购。运用这套"模组化（Modules）制造"的管理，宏基可随时依市场需要，快速装配出不同的产品，并依据组件的最新价格及时调整。

宏基的库存周转速度加快了1倍，不但降低了经营风险，而且也为新产品上市创造了有利条件，使新产品上市时间提前了1个月；由于库存降低，出清存货的时间也随之缩短，推出新产品就更具时效优势。更为重要的是，在模式改变之后，宏基的产品能够紧随消费者需求的变化而变化。以往在台湾组装整机时，由于抓不准市场趋势，使得畅销的产品总是缺货，不畅销的产品又堆满仓库。现在，宏基在全球28个国家和地区建立了34个装配基地，随时视市场需要，弹性装配交货，可及时适应市场的变化。

（二）主从架构

所谓"主从架构"，就是将散置于各处的个人计算机与不同功能的伺服机（Server）连接成一个完整的网络，每一部个人计算机都是独立运作的"主（Client)"，网络上随时提供最佳资源给工作站的伺服机是"从（Server）"，"主"和"从"密切而弹性地结合在一起。"主从架构"充分发挥了个人计算机的功能，又能适应复杂的工作，成本低，效率高，弹性大。

1993年，宏基将"主从架构"这一新兴的计算机架构运用到其特有的管理模型之中。在这个管理架构中，宏基在全球的事业单位都是与当地企业合伙，并且当地股权过半，决策中心是各事业单位的股东大会，总部只能通过股东大会影响决策。各事业单位既是独立决策运作的"主"，又是互相支援，作为其他事业单位的"从"。例如，明基电脑（宏基集团所属企业）独立发展与制造监视器，是"主"的角色，其产品供应全球地区性事业单位，是最专业、最有效率的"从"。

当然，在主从架构下，总部还是有必要制定某些运作规则的。宏基只制定有关价格与品牌的大原则。例如，策略性事业单位销售给地区性事业单位，价格不能高于市场公开价格，如果是自有品牌产品，必须通过地区性事业单位行销；地区性事业单位必须提取营业收入的2%～5%，作为自有品牌产品的广告费用；策略性事业单位也必须提取产值的5‰，作为品牌推广发展基金。宏基只给各事业单位几点小约束，而让它们拥有相当大的经营自由度。例如，地区性事业单位可以向不同策略性事业单位订货，自由选择最理想的供应商，如果策略性事业单位因此而倒闭，这表示它本来就缺乏竞争力；同样，策略性事业单位以服务代工顾客的同等待遇与地区性事业单位往来，如果自有品牌产品在市场上竞争不过代工顾客的产品，表明该地区性事业单位竞争能力不强。这样，宏基为各事业单位提供了最强有力的竞争条件，让它们都能在各自的竞争市场上生存与发展。各事业单位以公开、合理的商业利益作为行为准则，各自对自己的股东负责，各为其"主"。如果事业单位的股东大会决议退出主从架构，随时都可以退出集团，但是从此它也就无法享用宏基集团所提供的良好的技术与品牌资源。有了这些原则性的规定，各事业单位在共同获利的大方向上不断成长。

（三）全球品牌，结合地缘

所谓"全球品牌"，是指创造属于宏基自己的、具有全球知名度的品牌，建立全球性的制造和营销网络，塑造全球性跨国公司的优良形象。

与大多数台湾企业不同，宏基在创业早期即将自创品牌作为自己的一项追求。1981年，宏基推出了第一项自创品牌产品——"小教授一号"电脑，成功地打开了国际行销网络。但是，当他们开始在海外推广"小教授一号"电脑时，收到一封新加坡进口商的回函，信上写着："台湾不是生产电脑的地方，我没兴趣。"众所周知，台湾一向以制造见长。如果为台湾制造能力打分数，可得70～95分；研究开发能力次之，30～70分；行销能力只有5～30分。因此，大量生产的产品没有有效行销，只能靠杀价竞争，如此一来，便无法摆脱低品质的形象。在国际上甚至有"MIT（Made In Taiwan）＝30%Off"（"台湾制造"代表杀价三成）的惯例。因而，宏基认为，要建立行销能力，必须塑造良好的企业与品牌形象。如果一家企业的产品能成为世界知名品牌，而且制造地点遍布世界各地，从短期来看，可以减少"台湾制造"形象所带来的负面影响；长期而言，则能顺势改善国际上对台湾的观感。

1988年，宏基进军日本市场。此时正是新兴工业国家和地区的产品开始登陆日本市场、日本人充满危机意识的时候。许多日本媒体认为宏基将如其他台湾计算机企业一样，以杀价作为竞争的武器。但是，出乎它们的意料，宏基的定价竟和日本计算机一样，走的是高价路线。宏基绝不愿自己的科技与创新实力初亮相就被扭曲为"便宜无好货"。宏基认为，形象比事实先被接触，形象也比事实简单。而且，不论企业形象或产品形象，由高定位调整为低定位很容易，但是，以低定位调整到高定位却相当困难。更重要的是，在台湾整体产业形象已处于劣势的情况下，如果还把产品放在低定位，那就更难扭转劣势了。

此外，宏基树立形象的另一重要策略是"创新"，因为领先的技术与创新的产品，是提高品牌形象最好的工具。早期，宏基每年以营业额的5%投入研究发展，不断以先进技术与产品去营造创新的形象。1986年，宏基领先IBM推出32位元个人计算机；4年后，将32位元的计算机技术授权给美国优利系统公司（Unisys）；1992年，整合计算机与消费性电子技术，领先开发兼具通信、教育、娱乐、视听功能的多媒体个人计算机Acer PAC，该产品被美国《财富杂志》（*Fortune*）评为"焦点产品（product to watch）"。

资料来源：阿里巴巴专栏——台湾宏基集团企业再造案例

一、企业再造概述

美国麻省理工学院教授迈可·哈默博士在 20 世纪 90 年代初首次提出了企业再造的概念。他在与管理咨询专家詹姆斯·钱辟合著的《再造公司——企业革命的宣言》一书中，对企业再造理论进行了系统的阐述。随后，企业再造（business process reengineering，BPR）运动迅速兴起于各发达国家，从而引发了一场世界范围的管理革命浪潮，它被喻为继 20 世纪 70 年代以日本为先导的全面质量管理（total quality management，TQM）运动之后的第二次工商革命。1996 年，我国上海成立了"企业再造研究中心"，至此，我国的管理学界和工商实业界在反省过去的理论和正在运作的企业流程中，开始了广泛的探讨和实际改造实践。

企业再造，也称为企业业务流程再造，是指"为了飞越性地改善成本、质量、服务、速度等重大的现代企业的运营基准，对工作流程进行根本性重新思考并彻底改革"，即"从头改变，重新设计"。企业再造，最重要的是在组织高管层面有完善的计划与实施步骤以及对预期可能出现的障碍与阻力有清醒认识，以帮助企业主及首席执行官（chief executive officer，CEO）塑造企业再造的领导能力，使变革与创新成为可能。

二、企业再造的现实必然性

（一）3C 的影响

当前的经济环境竞争激烈，顾客需求多样化，规制弱化，经济萧条，存有 IT 黑洞，信息技术运用得不成熟……种种现状促使人们寻求能够在有效性、高效性和适应性方面取得突破改进的新途径。日趋明了的世界经济一体化和贸易全球化的趋势，使企业经营外部环境中各种不确定因素激增，并对企业提出了快速响应和弹性运作的不断变革的要求——这就是人们常说的影响到企业生存和发展的 3C 因素。

1. 顾客

买卖双方关系中的主导权转到了顾客（customer）一方。竞争使顾客对商品有了更大的选择余地；随着生活水平的不断提高，顾客对各种产品和服务也有了更高的要求。

2. 竞争

技术进步使竞争（competition）的方式和手段不断多样化，甚至发生了根本性的变化。越来越多的跨国公司越出国界，在逐渐走向一体化的全球市场上展开各种形式的竞争，如美国企业面临日本、欧洲企业的竞争威胁。

3. 变化

市场需求日趋多变，产品寿命周期的单位已由"年"趋于"月"，技术进步使企业的生产、服务系统经常变化（change），这种变化已经成为持续不断的事情。因此在大量生产、大量消费的环境下发展起来的企业经营管理模式已无法适应快速变化的市场。

面对这些挑战，企业只有在更高水平上进行一场根本性的改革与创新，才能在低速增长时代增强自身的竞争力。

（二）企业本身工作流程存在的问题

1. 分工过细

一项产品或服务的提交活动要经过若干个部门、环节的处理，整个过程运作时间长、成本高。企业经营处于迟缓状态，在快速多变的市场环境中处境被动。科层组织理论的控制主张和等级结构决定了它受有效管理幅度的限制，当组织规模扩大到一定程度，必须通过增加管理幅度来保证有效领导。在科层制管理体制下，各子单位往往会精心构思自己的行为，使自己的目标凌驾于整个组织的目标之上。这种分散主义和利益分歧，或许能够提高局部利益，但却弱化了整个组织的功效。随着管理层次的增多和指挥路线的延长，信息传导与沟通的成本会急剧上升，可能造成信息在传递过程中的失真，导致企业管理存在层次重叠、冗员多、成本高、浪费大、对市场反应迟缓等缺陷，阻碍企业的进一步发展。例如，美国一家大型保险公司，随着业务的迅速发展和管理工作的日益复杂化，顾客索赔竟然要经过250道程序，导致顾客怨声载道，顾客数量不断下降。

2. 无人负责整个经营过程，缺乏全心全意为顾客服务的意识

各个部门按照专业职能划分，每个部门犹如"铁路警察"，各管一段，结果是各部门只关心本部门的工作，并以达到上级满意为准。"顾客就是上帝"只是营销人员的信条，企业的其他员工并不关心生产或提供的服务是否能真正满足顾客的需求。执行任务时，各部门都从本部门的实际利益出发，这就不可避免地存在本位主义和相互推诿现象，这些都是不增值的环节，也造成了经营过程运作成本的居高不下。例如，设计和营销部门之间的距离会导致设计不合适，不能满足顾客的实际需要；或者"过分工程化"，即运用于产品中的技术复杂度超越了实际需要。我们在军工部门中可以经常看到这种现象。军工部门在完成国防订单的时候，总是倾向于追加预算，强调先进的技术设计能力，很少考虑商业或可生产性准则。

3. 组织机构臃肿，助长官僚作风

要把企业内部各部门、各环节衔接起来，就需要许多管理人员作为协调器和监控器。但如果管理人员在整个企业人数中所占比重过大，则会导致管理费用居高不下。官僚还会制造官僚。官员喜欢为自己招聘尽可能多的部下，管的人越多越体现自己的权威，每天来请示汇报的手下越多越有成就感。反正工资不是自己掏腰包发。部下再为自己招聘部下。由此，人越来越多。然而多雇一个人就多一分破产的风险，因为人际关系的复杂程度是呈几何级数增加的。这样就导致了组织机构越来越臃肿，组织成本越来越高。

4. 员工技能单一，适应性差

过细的分工增加了员工工作的单调性，使其无法学到新的知识，没有刺激，致使工作激情和服务质量下降，员工缺乏积极性、主动性、责任感。过细的专业分工导致人们把工作重心放在个别作业的效率提升上，而忽视整个组织的使命；职能部门间的利益分歧往往会促使个体的短期利益凌驾于组织发展目标之上，产生"见树不见林"的思维盲点、僵化的本位主义和管理的"真空地带片"，从而弱化了整个组织的功效。

5. 资源闲置和重复劳动，症结是内部信息纵向和横向沟通不够

信息分散在不同的领导、部门和业务人员的手中，经常是此人急需的情报正保存在彼人的文件夹中，此部门的"机密计划"早就被各部门做过多次，同样的工作，被不同的人重复着，对市场的了解也一次次"归零"。职能型组织由于信息被分割，导致内部信息纵向和横向沟通不够，使得企业大量的资源被浪费和重复劳动，增加了企业的运作成本，降低了企业的市场反应能力，在市场竞争中就会落后。

三、企业再造的主要程序

企业"再造"是指重新设计和安排企业的整个生产、服务和经营过程，使之合理化。通过对企业原来生产经营过程的各个方面、每个环节进行全面的调查研究和细致分析，对其中不合理、不必要的环节进行彻底的变革。在具体实施过程中，可以按以下程序进行。

（一）绘制作业流程图

企业应对原有流程进行全面的功能和效率分析，发现其存在的问题，并根据企业现行的作业程序，绘制细致、明了的作业流程图。

一般地说，原来的作业程序是与过去的市场需求、技术条件相适应的，并有一定的组织结构、作业规范作为保证。当市场需求、技术条件发生的变化使现有作业程序难以适应时，作业效率或组织结构的效能就会降低。因此，必须从以下方面分析现行作业流程的问题。

（1）功能障碍。随着技术的发展，技术上具有不可分性的团队工作，个人可完成的工作额度会发生变化，这就会使原来的作业流程或者支离破碎增加管理成本，或者核算单位太大造成权责利脱节，并会造成组织机构设计的不合理，形成企业发展的瓶颈。

（2）重要性。不同的作业流程环节对企业的影响是不同的。随着市场的发展，顾客对产品、服务需求的变化，作业流程中的关键环节以及各环节的重要性也在变化。

（3）可行性。根据市场、技术变化的特点及企业的现实情况，分清问题的轻重缓急，找出流程再造的切入点。为了对上述问题的认识更具有针对性，还必须深入现场，具体观测、分析现存作业流程的功能、制约因素以及表现的关键问题。

（二）设计新的流程改进方案，并进行评估

为了设计更加科学、合理的作业流程，必须群策群力、集思广益、鼓励创新。在设计新的流程改进方案时，可以考虑如下几点。

（1）将现在的数项业务或工作组合，合并为一。

（2）工作流程的各个步骤按其自然顺序进行。

（3）给予职工参与决策的权利。

（4）为同一种工作流程设置若干种进行方式。

（5）工作应当超越组织的界限，在最适当的场所进行。

（6）尽量减少检查、控制、调整等管理工作。

（7）设置项目负责人。

对于提出的多个流程改进方案，还要从成本、效益、技术条件和风险程度等方面进行评估，选取可行性强的方案。

（三）形成企业再造方案

企业业务流程的实施，是以相应组织结构、人力资源配置方式、业务规范、沟通渠道甚至企业文化作为保证的，所以，制定与流程改进方案相配套的组织结构、人力资源配置和业务规范等方面的改进规划，形成系统的企业再造方案，才能达到预期的目的。

（四）组织实施与持续改善

实施企业再造方案，必然会触及原有的利益格局。因此，必须精心组织，谨慎推进。既要态度坚定、克服阻力，又要积极宣传、形成共识，以保证企业再造的顺利进行。

企业再造方案的实施并不意味着企业再造的终结。在社会发展日益加快的时代，企业总是不断面临新的挑战，这就需要对企业再造方案不断地进行改进，以适应新形势的需要。

四、企业再造的基本方法

通常，采用企业再造，是因为管理者意识到强大竞争威胁，或是要提振绩效。而企业再造的目标不管是在哪一种情境下，都是扩大市场接受度，提升营收。企业再造的基本方法约可分为以下五个步骤。

（一）确认顾客的核心需求

顾客的核心需求是指顾客购买产品真正的出发点，不只是产品所直接提供的用途，还包含了消费心理层面的需求。

（二）决定改造的关键流程

进行上述分析后，对照组织目前提供的产品或服务，便能厘清公司产品满足消费者欲望的着力点，发掘需要进行改造的关键流程。

（三）拟定流程改造的学习对象和目标

流程改造的学习对象和目标不限于相同产业，跨产业也可。

（四）重新设计流程

新流程的价值在于适用性与创造力，即便个人决策责任归属明确，企业流程再造时，仍强调众人参与，群体决策，头脑风暴，如此不仅能集思广益，也更易激发创新观点。

（五）改变思维，塑造新文化

设计完善后，仍要加以推广和深植才能收到成效。想要员工改变，就要先改变僵化的思考模式，如管理者通过演说鼓励、安排训练课程、定期举办读书会等方式，刺激员工的学习意愿，塑造新的组织文化。

第二节　二次创业

案例

海王的二次创业

　　1989 年，27 岁的张思民带领一帮年轻的创业者，凭着 3000 元的资金，从海里捞取一种名叫牡蛎的东西，提取其中的精粹物，制成胶囊，这就是日后在市场上声名显赫的"金牡蛎"。张思民创业的勇气和热情、超前的概念和创新的想法吸引了一位澳大利亚投资专家，他投资 100 万美元，与张思民共同成立了"海王药业有限公司"（以下简称"海王"）。张思民和他的伙伴们从此开始了超负荷的运转。1990 年 6 月，中国第一个海洋生物保健品"金牡蛎"完成试验并投入生产，此项成果一举夺得三项国内大奖和一项国际金奖，此举吸引来更多投资者，一年多时间，前后竟有 2000 多万元的资金汇入了海王的账户，张思民真正感受到了海洋生物的魅力！而海王的创业者们似乎天生就有营销的天赋，在大多数企业还只知道做"电话订货、实行三包、代办托运"之类朴素广告的时候，海王就以"我们的力量来自海王"等具有现代广告意识的广告同时在中央台和地方台播出，仅百万元的广告投入，收效相当于现在的数亿元！营销的创新带来了市场的成功，海王金牡蛎势头直逼当时的保健品行业龙头老大太阳神，销售额迅速突破 1 亿元、2 亿元。

　　随着公司业绩滚雪球般提升，张思民开始探索一条多元化的道路。他把目光瞄准了当时炙手可热的房地产业。1991 年，张思民产生了一个想法：要盖一栋全国乃至全世界都独一无二的标志性建筑。当时海王账上有几千万元，整个工程造价预算却高达 6 亿元。源于对海王的信心及其创意的欣赏，银行向海王提供了贷款。1991 年 9 月，28 层的海王大厦破土动工。

　　1992 年，张思民认识了一位华裔美商——"拥有一片美国"活动的亚太地区总代理。当时类似的活动国内尚属空白，张思民决心做第一个吃螃蟹者，从而开辟了海王的又一战场。1992 年 10 月，第一批 2000 份"拥有一片美国"土地证书在深圳首次亮相即被一抢而空。"拥有一片美国"和"拥有一片故土"活动，吸引了海内外媒体上千次的聚焦报道，深圳海王和张思民名利双收，成为当时的特区传奇。

　　随着事业的快速扩张，张思民的自信心迅速膨胀，触角伸向了更多的领域：文化、机电、服装、食品、VCD，甚至信息产业……摊子越铺越大，渐渐模糊了海王的产业界限。1993 年 2 月，深圳海王完成股份制改造，成立集团公司，旗下拥有四五十家子公司。当企业越做越大时，张思民已经不能控制，甚至在某种程度上，还有意放任整个集团内在的扩张欲望，经营的风险却在这时源源不断地向集团集中：曾经是支柱产品的海王金牡蛎，因为无力投放和无心耕耘，在市场上的增长呈现疲软态势，销售低水平徘徊，而稍早起步的广州太阳神这时产值已超 10 亿元。此时海王负债高达近 10 亿元，更严重的是国家宏观调控开始，银根紧缩，海王资金链随时有断裂的危险，资源配置难度增加。

　　1995 年，张思民开始反思海王走上多元化道路后的得失，他意识到盲目多元化，盲目扩大规模，而管理工作不能跟上的结果是在每一个产业都无法实现做大做强的目标。另外，一个点子支撑一个产业的时代已一去不复返，海王无节制的多元化模式的解体是必然的，宏观调控的出现不过加速了这一进程而已。张思民终于明白，自己当下最迫切需要完成的，是重建海王的核心竞争力。

1997 年初，不断恶化的财务状况迫使张思民把四五十个子公司缩减到十几个，由于此前摊子铺得太大、太乱，大批员工下岗，包括那些创业元老、亲戚、朋友。但此举使海王重新回归核心产业，三家制药公司合并成了"海王生物"。而前期无度的多元化使张思民再一次面临挑战——资金链进一步恶化，光是一个海王工业城就投入 1.5 亿元，技术中心还需要更多的投入，而当时海王的负债率过高，已不便再向银行贷款，张思民想到了上市。1998 年 12 月，海王生物被获准上市，成为国内股市第一只生物概念股。海王募集资金近亿元，缓解了资金问题。同时张思民开始一步步实施自己的资本运营计划。在上市不足 5 个月后，海王推出基因制药概念，并以此抛出了二次融资方案，高价发行 6900 万新股，一举筹得 14.5 亿元，完成了又一次资本积累，并走上著名的品牌建设道路。

资料来源：中国吉林网——永远向新的可能挑战：海王集团董事局主席张思民

海王是二次创业成功的少数中国企业之一。海王这个有代表性的案例告诉我们，企业在迅速的成功之下极易走上多元化的道路，而忽视自己本身的亮点，忽视企业内部的管理建设，这必将导致企业的资源分散，强势变弱势，最终失去自己的竞争优势。此时，要避免企业的衰败必须及时开展二次创业活动，客观进行自身战略定位、机制改建等活动，才可能将企业带上持续发展的道路。

任何一家企业的发展，都必须经历三个阶段，即创立—成长—衰退。当一个企业发展到一定阶段，必定会面临很多问题，甚至出现停滞不前的情况，管理者必须根据社会形势和企业自身的特点进行改革，再次给企业以新的生命力，实现二次创业和更好的发展。一个企业从无到有的过程叫作创业，是该企业第一次创建的过程。经过成立、经营、发展、遇到困难，再一次创业，通常情况下称为二次创业。

一、二次创业的提出

中国企业的发展历程是艰难而曲折的。改革开放以来，从摆脱计划经济体制的束缚，到为了适应社会主义市场经济的要求进行企业产权的改革和现代企业制度的建立，以及企业战略结构的调整，中国企业正在面临一场深刻的变革。进入 21 世纪，为了适应剧烈变化的环境，中国企业又面临一场新的战略转变，企业界和经济学界称之为"二次创业"。二次创业是企业经营机制的又一次深刻变革，也是企业的一次全面的再造和创新。一般说来，二次创业对于中国所有企业来说，都是势在必行、不可回避、意义深远的，而对于不同类型的企业来说，二次创业具有不同的特殊意义。"二次创业"这一字眼在我国最早提出是在经济特区深圳。改革开放以后，作为我国经济改革"试验田"的深圳取得了飞速的发展，由原来一片荒芜的小渔村变成了高楼林立的大都市。初期，深圳的经济发展带有很强的尝试性，没有经过良好的科学规划，以致出现了经济质量不高、产业结构层次低、发展速度下降等问题。为了实现深圳经济的再次腾飞，深圳针对深圳的发展轨迹（把前期的发展称为第一次创业），提出了深圳"二次创业"的目标，并围绕这一目标制定了发展战略。这是"二次创业"概念在经济领域的首次提出。在此之后，许多地方均引用了这一概念，尤其是在众多企业出现危机之后，"二次创业"的概念迅速地被广泛应用到企业的再次发展上，提出了企业"二次创业"的口号。

二、二次创业的内涵

任何事物的发展都是一个由低到高、由量变到质变的过程，事物发展到一定的阶段，条件具备时就会产生质的飞跃。企业的发展同样如此，二次创业就是企业生产力发展的一次巨大飞跃。自从"二次创业"的概念在经济领域被首次提出后，社会各界都赋予了二次创业新的内涵和密切的关注。不论是国有企业还是民营企业，都提出了二次创业的口号。

企业的"二次创业"是指完成初始创业期的企业在其成长期内的一次企业变革，其目的在于充分利用在第一次创业过程中所积累下来的资金、技术、人才和管理经验等企业资源，进行资源的优化组合，营造企业发展的核心竞争优势，提高企业的环境适应能力，保证企业的持续发展。"二次创业"并非真正意义上的创业，而是企业观的深刻变革，也是企业管理机制的又一次变革，是中国企业进一步融入市场和走向世界过程中的又一次全面创新。

三、二次创业与第一次创业

二次创业的提法，在一定意义上说，是相对于"第一次创业"而言的。但是，不能把二次创业仅仅理解为"第一次创业"之后的"第二次"局部调整，而是指"第一次创业"之后的又一次更为深刻的变革和创新。二次创业是企业在经过第一步发展，已经初步走向市场后，为谋求进一步发展而通过全面创新和提升企业素质，把企业真正打造成现代企业，使之更具有活力。二次创业是企业转向市场经济后，发展到一定阶段必然提出的问题，是中国企业进一步发展的必由之路。

二次创业与第一次创业有一定的区别和联系。它们的主要区别在于，第一次创业是企业摆脱计划经济体制，适应市场经济要求，使企业成为以追逐利润为目的自主经营、自负盈亏、自我约束、自我发展的独立的经济实体。但是，经营利润并不应当是现代企业的全部目标和动机。在步入市场后，不少企业在追逐利润时忽视了人的价值和社会效益，于是许多企业提出了二次创业。二次创业就是指企业在追求利润时，必须坚持以人为本，通过提高人的素质激发人的积极性，增强人的凝聚力，提高企业的活力。因此，二次创业的实质是企业文化的构建和重塑。二次创业与第一次创业都是以改革旧体制、进行机制转换为基础。二者的联系在于，第一次创业是二次创业的基础，没有第一次创业就没有二次创业；二次创业是第一次创业发展的必然趋势和提升，没有二次创业，第一次创业的成果难以巩固，甚至会失去。

四、二次创业与企业再造

企业再造也称企业业务流程再造，即对业务流程从根本上进行再思考和重新设计，使公司的业绩取得显著的增长，它强调的是业务流程方面，即企业各种业务的运行规则。

因此，企业再造追求的是效率和成本，也就是说，通过业务流程的全盘重设，提高运作的效率，降低运作成本，从而提高企业的市场竞争力。企业二次创业在追求正规化、结构化方面与企业再造有一些相似的地方，但二次创业的概念范围比企业再造要广，还涉及企业战略、管理者等领域。而且，相似的部分也有一定差别，二次创业要求把业务流程进行正规化、程序化和制度化，它基本上没有脱离原有的业务运作基础，而企业再造是指把企业原有的流程全部推翻，从新的角度思考、设计。

上述比较有助于更清晰地理解企业二次创业的概念，避免在实践中出现把任何涉及改变企业经营管理的事情均往二次创业上套的现象。同时，如企业二次创业不能贴切地赋予实质内容，其作用则很小。

但从一定意义上来说，中国企业的二次创业也可以理解为一次企业再造，这个角度不仅说明了二次创业的深刻性，同时也指出了中国企业只有通过根本变革，才能提高二次创业的能力。从企业再造理论看中国企业的二次创业，我们可以从以下几个方面认识二次创业的深刻性和艰巨性。第一，中国企业的二次创业首先要解决的是企业管理模式问题。它不仅是简单的作业流程变革，而且是涉及体制、机制深层次的变革。第二，中国企业的二次创业是对生存环境的巨变做出的积极应对。经济全球化日益发展，国内外竞争激烈而严峻，企业要找到新的经济增长点，就不是仅仅解决一个成本、技术等的某一方面问题，而应当进行一场根本的变革。第三，中国企业的二次创业是对知识经济的迅猛冲击做出的应对。知识经济日新月异，对中国企业提出一系列挑战，要求企业做出深层次再造，如思维再造、文化再造等。由此可见，中国企业的二次创业是一次深层次的企业再造，其实质是再造、变革和创新。借鉴企业再造理论，对于推进企业的二次创业具有重大的现实意义。

五、二次创业要解决的问题

面对市场激烈的竞争，企业不进则退，不改则败。"等、靠、要"不是企业行为。美国哈佛大学教授戴维斯说：今天企业间的竞争本质上是看谁学得更快、更多、更好。当你的企业内部变革速度慢于外部的变革速度时，末日就在眼前。市场竞争不仅是大鱼吃小鱼，而且是"快鱼吃掉慢鱼"。不改革，就没有发展，不改革，就没有出路。必须敏锐洞察技术发展趋势，准确把握市场变化，并做出快速应变，同时必须改掉旧的思维方法和观念，建立适应现代企业制度发展的新机制。

但企业的改革并不是一件容易的事，企业的二次创业会面临很多的难题。企业二次创业要解决以下问题：①品牌和信誉企业在急剧扩展的时期，一定程度上存在模仿、粗制滥造的问题，对品牌、商誉等问题注意不够，这带有某种必然性。然而到一定阶段，塑造企业的品牌和商誉已经刻不容缓，因为知名品牌和商誉意味着市场占有率，意味着企业生存空间。②降低成本，实现规模经营，营造优势产业。经济学上所讲的规模经济是适度规模，太小不行，太大也不行。规模太小达不到最佳成本点，规模太大则超乎自己的管理能力，导致成本提高。在二次创业中，要通过适当的整合优化产业结构，突出主导产业，扩大规模，降低成本，消除过度竞争。③管理规范企业急剧扩张时期，企业的内在管理常被放到相对次要的地位。与急剧扩张相伴随的则是重视生产、重视营销、轻视管理。企业发展到一定程度，如果不加强管理、规范管理，难免会出现系统风险。

基于此，企业在二次创业中必须建立一系列规范而科学的运行规则，科学而严格的生产管理、营销管理、人事管理、财务管理等管理制度，通过加强管理，提高企业的素质。④制度变革。发达国家的企业发展历史告诉我们，一般的企业开始都是家族式企业，随着经济生活中不断出现新的问题和法制的逐渐健全，家族色彩越来越淡化。通过社会参股、股权的多元化、人才的吸纳、管理的规范等，最终过渡到现代企业制度。企业制度变革，最终要达到的是把企业家看作一个造钟的人，而不简单的是一个报时的人。当初没有钟表报时，一个人凭着他的聪明才智，可以看天象报时，但他的子孙却没有报时的才能。从制度对于经济发展的作用看，做造钟人更伟大。这个"钟"的基本内容包括企业治理结构、战略目标，企业核心竞争力和应变能力，企业核心文化等。二次创业的宗旨是改变第一次创业时期企业凭借个人素质来赢得并把握机会的方式，建立起一个依靠企业整体素质来实现持续发展的管理体系。企业在进行第一次创业时，大部分都是从一无所有开始的。土地、厂房、设备等各种资源严重匮乏，社会关系少且不稳定，缺少固定的顾客，福利条件差，企业员工流动频繁。因此，在企业创业初期，要想生存下来，经营者必须致力于为企业创造一个良好的生存环境，获得更多稳定可靠的社会关系，以解决各种资源的不足等。这一时期企业的管理模式主要是家长式的。

随着企业的发展壮大，一次创业时期的管理模式就会出现不适应。创业初期，由于企业本身规模较小，业务单一，所以决策的内容少、范围小，而且由于投入不多，转换方向比较容易，相比大企业来说风险较小，所以凭借某个人在某个方面的独到眼光、独特技术，迅速抓住机会就可获胜。但随着企业规模的扩大，企业业务量和业务种类的增加，企业面对的机会和风险也同时增加，如果这时还是依靠个人的眼光做判断，按照某个人的技术进行实施，那么必然会由于个人能力的局限性而造成决策失误，难以保持持续稳定的发展。这个时候只有依靠各方面的专业人员，建立起科学化的决策机制，按照科学的方法进行决策，并制订合理的实施计划，才能保证企业长远决策的正确性和企业发展的稳定性。因此，二次创业时要将企业过去依靠个人的眼光、胆略、技术和毅力来决策，改变为依靠企业决策机构的分析和计划来确定企业的发展方向和经营战略，使企业从过去主观的、感性的、急功近利的决策模式，转变为客观的、理性的、从长远考虑的决策模式。要建立一整套完善的企业人才使用、考评、激励机制和一个合理的人才结构，改变通过人情关系来激励和约束企业各方面工作的管理模式。要改变现有的内部管理机制，重新明确企业内部各部门的职责、权利和利益基础，制定严格的规章制度，建立完善的内部考核制度，真正做到职、权、责、利分明，管理规范，在企业内部形成科学化、规范化的管理机制。

近百年来世界上优秀企业获得竞争优势的重点在不断变化。企业也每隔一段时间就要进行一次再造，1910～1920年企业强调的是规模，1920～1930年企业强调的是科学管理，1930～1940年企业强调的是人际关系管理，1940～1950年企业强调的是组织功能结构，1950～1960年企业强调的是战略规划，1960～1970年企业强调的是经济预测，通过经济预测去推测行业总量与公司销售量，为企业提供比较准确的目标。1970～1980年企业强调的是市场战略和组织设计。1980～1990年企业强调的是事业部体制、全面质量管理、顾客导向等。从1990年到现在，强调的是全球化、信息化、人力资源管理、企业文化、学习型组织、知识管理等。

美国 IBM 的二次创业是一个成功范例。

在世界计算机硬件发展的历史上，美国 IBM 曾处于领袖地位。IBM 的计算机曾被大量用于美国阿波罗登月计划之中。IBM 长达 107 年的历史，其实就是一部美国高科技发展的历史，在一定程度上，也可说是国际计算机发展的历史。美国《时代周刊》曾经撰文谈到 IBM："IBM 的企业精神是人类有史以来无人堪与匹敌的。它像一支数量庞大、装备精良而又组织严明的集团军，浩浩荡荡挺立于世。没有任何企业会对世界产业和人类生活方式带来并将带来如此巨大的影响。"

企业成立 100 多年来，IBM 在全球 160 多个国家和地区为上万家企业做过信息服务。然而随着个人电脑与网络时代来临，尽管 IBM 率先推出了个人电脑，但是，由于外部的激烈竞争与内部的管理机制问题，IBM 在 20 世纪 80 年代末 90 年代初，昔日的光环开始逐渐褪色。面对瞬息万变的市场，IBM 集权化的组织结构和官僚化的管理模式已不再能很好地适应市场的新变化。从纯收入上看，1990 年盈利超过 60 亿美元，而 1991 年却一下子亏损近 30 亿美元，1992 年亏损 50 亿美元，1993 年亏损更高，达 80 亿美元。同时，其主要产品的市场占有率和公司的股票价格也出现下跌趋势。这一切都在显示着巨大的衰落。IBM 的应变也是比较快的，从 1992 年开始，IBM 进行了一系列企业变革。

（1）组织变革。1992 年底，IBM 首先对其组织结构机制进行重大改革。将各分支单位变成利润中心，组织结构分权化，发展出网状组织，进行层级缩减、组织扁平化，使每个成员都发挥专业能力。

（2）实施全球品牌战略。IBM 通过广告、直线营销、公关活动、促销、事件营销，在全球各地 100 多个国家和地区进行整合品牌传播。这些传播活动的目的是增加 IBM 品牌的价值与曝光率，不论在哪个国家和地区，以何种语言，或通过何类媒体打广告，均遵循相同的风格、语调与方式来沟通，使得 IBM 的品牌印象更加鲜明一致。

IBM 的企业变革非常成功，其在 1994 年之后又走上了发展的快车道。

六、二次创业的难点

二次创业是企业对过去的一次否定，是一个脱胎换骨的过程。否定过去是一件非常痛苦的事情，更何况是否定企业过去取得成功的因素。所以，实施二次创业的难点在于：怎样将过去曾经促成企业成功的因素抛弃掉，并建立起一个新的管理秩序，完成新旧机制的转换。否定过去必然会与不同利益团体发生冲突，尤其会与过去的企业功臣发生利益冲突。四通集团曾提出"要让整个系统成员的利益和系统利益高度一致""把大家的利益基础分开"，这其实就是对企业内部利益基础的调整。

进行二次创业还需要提高企业员工素质，以适应更高层次管理的需要。在进行二次创业时，不少企业去高校聘请老师到企业开设培训课程，同时也选派部分人员到学校进修，这些举动都反映了企业提高人员素质的强烈愿望。但提高人员素质不仅仅是上课、接受培训，很多接受过培训的人仍然无法胜任现有的工作，原因在于观念没有转变，培训过后回到企业，仍然按照老思路工作。要想从根本上提高企业员工的素质，必须转变原来的观念，提高工作的自主性、创造性，同时企业要制定相应的考核、激励制度，对有创造性、有开拓精神的人进行奖励并委以重任，这样才会逐渐在企业内部形成新的工作氛围。

七、二次创业的意义

（一）民营企业二次创业的意义

民营企业主要包括个体工商户和私营企业以及由此发展而来的有限责任公司。民营企业的提法，是相对于国有企业而言的。据统计，民营企业在 GDP 的贡献比重已达 1/2。"三株""巨人""太阳神"等一大批民营企业异军突起，成为名噪一时的巨人。然而，如今一个个又都风光不再。

中国企业的二次创业就是在解读民营企业发展之谜中提出的。中国民营企业经过改革开放带来的最初发展机遇获得了短暂的辉煌。到了 20 世纪 90 年代末，原有的优势逐渐丧失，日益暴露了其先天不足。许多企业活力不强，后劲不足，甚至出现了危机。在这种严峻的形势下，"二次创业"的概念率先提出，并迅速为民营企业所认同。于是，在 20 世纪 90 年代掀起了一场民营企业二次创业的浪潮。对所有市场中的企业而言，任何企业都会面临不断再造、重塑的问题，而民营企业的二次创业则更具有紧迫性。家族式的管理模式，经验式的管理水平，急功近利的短期行为，股权集中，规章制度不严，人治大于法治，等等，是许多民营企业不同程度存在的问题。

这些问题的深层原因是现代企业制度的不完善和企业文化的缺失。因此，对于民营企业说来，二次创业最根本的任务是现代企业制度的建立完善和企业文化再造。企业文化重建是企业制度重建的推动力。企业文化再造的成效如何，直接关系到企业二次创业的成败。许多民营企业在二次创业中遇到的障碍和难题，究其根源，大都是企业文化的障碍。

缺乏为全体员工所认同的服务于社会和顾客的理念，是大多数民营企业的通病。在民营企业初创期，企业被一种"创业文化""激情文化"所支撑，而一旦完成创业，企业进入良性发展阶段，很快就陷入了一种"文化的空虚"之中。随着经营规模的扩大，企业忙于经营业务而疏于进行企业文化建设。企业价值观停留在口头上，成为一种有名无实的招牌。更有甚者，由于自身素质的局限，管理者有意无意地忽视企业文化，简单地把员工仅仅看成追求物质利益的"经济人"，而非"社会人""文化人"。

正是因为价值观的长期不稳定状态，企业的制度建设才难以统一规范，继续沿用原有的那套经验方法来进行管理。现代企业管理制度难以完善，有限责任制度形同虚设，只能是依靠个人能力或个人判断来简单决策，这使得决策风险加剧。还有些民营企业只是重视表层的形象包装，在统一着装、庆典活动、口号标语、企业报刊等方面做一些表面文章，没有在构建深层次价值观上下功夫。虽然提出一些企业经营理念，由于缺乏本企业个性和广大员工的认同，结果流于形式，没有形成凝聚力和向心力。

企业文化是企业现代管理的灵魂。一个没有灵魂的企业注定是走向失败的。通过二次创业，从经验型管理走上现代企业管理，是民营企业焕发生机的必由之路。而企业文化再造，始终是民营企业二次创业的重心。通过企业文化再造，重新确立企业价值观、目标追求，树立良好的企业形象，努力打造企业的团队精神和行为规范，建立一整套激励机制，营造积极向上的、和谐的人际关系，培育员工的归属感和责任感。只有如此，才能形成强大的凝聚力和感召力，为企业发展提供不竭的内在动力。

（二）国有企业二次创业的意义

中国国有企业的改革经历了放权让利和扩大企业自主权、承包制与租赁经营、建立现代企业制度三个阶段，迈出了关键的一步，取得了一定的成绩。但是，从总体上看，国有企业的改革仍然没有到位。现代企业制度只是初步建立，还很不完善和很不规范。企业的活力虽然开始焕发，但是相当多的企业竞争力不强。有的企业还没有摆脱计划经济的束缚，在思想观念和管理机制上还不能适应新的竞争形势的要求。有的企业产权不明，人浮于事，矛盾交错，效益低下。如何使国有企业走出困境，提高核心竞争力，是当前中国国有企业必须解决的共同问题。而通过企业文化再造推动二次创业，则是我国国有企业进一步摆脱困境、焕发生机、走向世界的根本出路。

国有企业的企业文化虽然有一些优势，但是，大多数国有企业产生于计划经济体制下，传统观念的烙印较深，职工的观念转变难度较大，企业的体制转型任务更艰巨。不少企业仍未摆脱计划经济的旧框架，职工带着计划经济的旧思想干市场经济的活儿，会成为企业体制创新、制度创新和全面创新的文化障碍。因此，国有企业的二次创业更具有紧迫性。

党的十六届三中全会指出："产权是所有制的核心和主要内容"，只有"建立归属清晰、权责明确、保护严格、流转顺畅的现代产权制度"，才能实现国有企业经营机制的根本转变。明晰产权，仍然是国有企业改革的决定性的步骤。而企业文化作为一种全新的经营管理哲学，它从孕育、形成到发展都离不开深层次的企业经营机制的转换和创新。勉强把企业文化嫁接到旧体制中去，无力扭转国有企业高耗低效、管理松散、产品服务差的顽症，无法实现内强素质、外塑形象的目标。因此，从企业明晰产权、转变机制入手，进行企业文化再造，是中国国有企业发展的根本道路。国有企业的二次创业应当是制度创新与文化创新有机结合的过程，这对国有企业的发展乃至整个中国经济的发展，意义都十分重大、深远。

在传统的计划经济下，国家政策对国有企业可以做什么、不可以做什么都有很强的约束力。国有企业的附属地位已决定了单个企业无法形成自己完整独立的文化，企业只能以社会普遍推崇的奉献、吃苦耐劳、节约等精神来教育员工。这样的企业文化在很大程度上已不适应市场经济的要求。国有企业走向市场，就暴露出其企业文化的严重滞后性。随着国有企业的进一步走向世界，在外来文化的巨大冲击下，国有企业文化的弱点越来越暴露出来。中国国有企业能否具有自己的优势竞争力，企业文化将是重要的一项考验。国企进行文化再造的艰巨性正集中体现了国有企业二次创业的艰巨性。

（三）乡镇企业二次创业的意义

乡镇企业自诞生之日起，就与乡镇政府、村委会有着密切的联系。随着社会主义市场经济的发展，产权权属不清、政企不分、体制不顺、机制退化、管理不善等问题日益暴露出来。乡镇企业产权制度的改革既是二次创业的重要内容，又是推动二次创业的根本动力。在产权制度改革中，应按照"三个有利于"的根本标准采取适宜的形式。

乡镇企业二次创业的第二个问题就是产业结构的不合理。我国市场销售的疲软现象，主要原因是低水平重复建设，产品的结构性相对过剩。因此，适应市场需求变化的新情况，实现主导产业的更新和产业结构的优化与升级，是乡镇企业实现二次创业的关键。其内容，一是以市场为导向；二是因地制宜，发挥自身资源优势；三是以国家的产业政策为指导。

乡镇企业的第三个问题就是科技落后，开发创新能力低下。大部分乡镇企业的产品科技含量不高，生产多为手工操作，严重影响了产品质量和生产效率，产品缺乏市场竞争力，严重制约着自身的发展。因此，推进科技进步是乡镇企业二次创业的重要任务和长远的战略。促进乡镇企业的科技进步，关键是引导企业真正成为技术开发的主体。

乡镇企业二次创业又一重要任务是加强企业管理，注重企业文化的打造和人才培养。乡镇企业在产权制度改革后，应进行系统的管理机构建设。要根据现行政策和经济环境的变化要求，建立健全权责明确的经营组织制度，双向选择的劳动人事制度，效率优先、兼顾公平的收入分配制度。转变用人观念，首先要冲破传统的血缘观念、家族观念和地域观念。在做法上，可以吸引大学毕业生，聘请技术人员，用高薪吸引高级管理人员做顾问，可以定期举办各种类型的培训班、知识讲座，以不断提高员工的素质。

中国企业大都在中华人民共和国建立后成立，相当多的企业在改革开放以后才建立，起步较晚，起点也很低。在社会主义市场经济的大潮中，基本上是靠"摸着石头过河"发展起来的，带有一定的盲目性。进入 21 世纪，中国改革到了深层，根本的出路是自己搭桥造船，进行更新再造。由此可见，中国经济发展到今天，各类企业都面临二次创业的问题。"企业如何再造辉煌"，用经济学的语言，就是通过二次创业寻找新的经济增长点。从一定意义上说，乡镇企业二次创业的思路对于中国所有企业都具有可借鉴性。中国所有的企业都有一个共同的缺失，就是缺乏强有力的企业文化。因而企业文化的再造就成了中国企业二次创业的最重要内容。

通过以上理论可知，二次创业是每一个企业发展的必经之路，要想企业永久地生存下去，并取得较好的成绩，必须与时俱进，改革创新。

参 考 文 献

彼得·德鲁克，蔡文. 2007. 创新与企业家精神. 北京：机械工业出版社

多湖辉，王彤. 2002. 创造性思维. 北京：中国青年出版社

樊一阳，徐玉良. 2010. 创业学概念，北京：清华大学出版社

樊一阳. 2011. 创业学概论. 北京：清华大学出版社

郭天宝，关晓丽，李可. 2012. 大学生创业教程. 大连：东北财经大学出版社

黄金柱. 2006. 创业创新经典案例评析. 北京：石油工业出版社

江郁萍，熊丙奇. 2001. 大学生创业. 上海：上海交通大学出版社

杰弗里·蒂蒙斯，小斯蒂芬·斯皮内利. 2009. 创业学：21世纪的创业精神. 北京：人民邮电出版社

李家华. 2011. 创业有道大学生创业指导. 北京：高等教育出版社

李良智，查伟晨，钟运动. 2007. 创业管理学. 北京：中国社会科学出版社

刘万利. 2012. 创业者创业机会识别与创业意愿关系研究. 成都：西南交通大学

庹进平，朱建国，王明勇. 2009. 大学生创业指导，北京：新华出版社

万炜，朱国玮. 2013. 创业案例集锦. 北京：中国人民大学出版社

王国宇，段博惠. 2010. 创业非常道. 北京：新世界出版社

吴光伟. 1997. 教你创业. 长春：吉林人民出版社

夏洪胜，张世贤. 2014. 创业与企业家精神. 北京：经济管理出版社

徐本亮. 2010-04-22. 发现你身边创业机会的五大来源. 解放日报

张正平. 2011. 企业家精神与企业成长. 北京：中小企业管理与科技

钟联萍. 2002. 创业策划. 北京：中国纺织出版社

Donald F，Kuratko Richard M. Hodgetts. 2006. 创业学理论、流程与实践. 北京：清华大学出版社